HEINZ FRIETSCH

Bestimmungsgründe der Sparquote

Untersuchungen über das Spar-, Giro- und Kreditwesen

Abteilung A: Wirtschaftswissenschaft

Herausgegeben von

G. Ashauer, W. Ehrlicher, H.-J. Krümmel, F. Voigt

Band 144

Bestimmungsgründe der Sparquote

Von

Dr. Heinz Frietsch

Duncker & Humblot · Berlin

Die Deutsche Bibliothek – CIP-Einheitsaufnahme

Frietsch, Heinz:
Bestimmungsgründe der Sparquote / von Heinz Frietsch. –
Berlin: Duncker u. Humblot, 1991
(Untersuchungen über das Spar-, Giro und Kreditwesen: Abt. A, Wirtschaftswissenschaft; Bd. 144)
Zugl.: Freiburg (Breisgau), Univ., Diss., 1989
ISBN 3-428-07116-6
NE: Untersuchungen über das Spar-, Giro- und Kreditwesen / A

Fremddatenübernahme: Klaus-Dieter Voigt, Berlin 61
Druck: Alb. Sayffaerth – E. L. Krohn, Berlin 61
Printed in Germany

ISSN 0720-7336
ISBN 3-428-07116-6

Inhaltsverzeichnis

Tabellenverzeichnis

Abbildungsverzeichnis

1. Einleitung

Die „Sparquote“ gehört – wie etwa das Sozialprodukt, die Geldmenge oder das Preisniveau – heute zu jenem ökonomischen Vokabular, das Eingang in den Wortschatz einer breiten Öffentlichkeit gefunden hat; ihre Entwicklung wird in den Medien regelmäßig berichtet und kommentiert. Doch ebenso wie bei den anderen Größen ist für die Sparquote eine Vielzahl differierender Begriffsinhalte denkbar, die nicht nur im alltäglichen Sprachgebrauch, sondern oft genug auch in der wirtschaftstheoretischen Diskussion angewandt werden, ohne die teilweise beträchtlichen Unterschiede hinreichend zu beachten. Daher ist zunächst zu klären, von welchem Begriff der Sparquote im folgenden die Rede sein soll.

Grundsätzlich bestehen zwei Möglichkeiten, die Ersparnis festzustellen[1]:

- Zum einen kann sie residual ermittelt werden als derjenige Teil des Einkommens, der nicht konsumtiv verwandt worden ist,
- zum anderen stimmt sie mit der Vermögensbildung überein.

Aus theoretischer Sicht sind beide Wege prinzipiell gleichwertig. Die Anwendung der direkten Erfassungsmethode scheitert bei empirischen Untersuchungen jedoch in der Regel an fehlenden statistischen Daten, da zwar das Geldvermögen, nicht aber das Realvermögen mit hinreichender Genauigkeit quantifizierbar ist[2]. Infolgedessen kann die Veränderung der Vermögensbestände nur ungenau erfaßt werden. Dagegen ist für die erstgenannte Alternative, die Ersparnis als Differenz zwischen Einkommen und Verbrauch zu bestimmen, in der Volkswirtschaftlichen Gesamtrechnung und der Gesamtwirtschaftlichen Finanzierungsrechnung umfangreiches Zahlenmaterial verfügbar, so daß die stromanalytische Vorgehensweise zumeist im Vordergrund steht.

Eine Sparquote ergibt sich, indem die Ersparnis in Relation zu einer Einkommensgröße gesetzt wird, wobei Zähler und Nenner unterschiedlich abgegrenzt sein können. Am geläufigsten sind die gesamtwirtschaftliche Sparquote einerseits sowie die Sparquote der privaten Haushalte andererseits.

Die gesamtwirtschaftliche Sparquote stellt den Quotienten aus gesamtwirtschaftlicher Ersparnis und Sozialprodukt dar. Die gesamtwirtschaftliche

---

[1] Vgl. H.-H. Francke / D. Friedrich (1985) S. 9; G. Blümle (1985) S. 29.

[2] Dies gilt in noch weit stärkerem Maße für das Humankapital, sofern es als Vermögenskomponente angesehen wird.

Ersparnis setzt sich wiederum aus der Sachvermögensbildung und der Veränderung der Nettoauslandsforderungen zusammen[3]. Üblicherweise wird sie auf das Nettosozialprodukt zu Marktpreisen bezogen; prinzipiell können aber auch andere Sozialproduktsabgrenzungen, etwa das Volkseinkommen – also das Nettosozialprodukt zu Faktorkosten – herangezogen werden. Wird der Forderungssaldo gegenüber der übrigen Welt vernachlässigt, ist die gesamtwirtschaftliche Sparquote mit der (Netto-)Investitionsquote identisch.

Bei der Sparquote der privaten Haushalte wird deren Ersparnis ins Verhältnis zu ihrem verfügbaren Einkommen gesetzt. Da die Haushalte als Wirtschaftseinheiten betrachtet werden, die konsumieren, aber nicht investieren – da jegliche Produktion funktionell dem Unternehmenssektor zugerechnet wird –, ist ihre Ersparnis auf die Geldvermögensbildung beschränkt, die beispielsweise in Form von Bargeldhaltung, der Geldanlage bei Banken, Bausparkassen oder Versicherungen sowie dem Erwerb von festverzinslichen Wertpapieren oder Aktien erfolgt.

Die folgende Untersuchung gilt ausschließlich dieser Sparquote der privaten Haushalte, da die Betrachtung somit auf jene Einkommen beschränkt bleibt, für die tatsächlich die alternativen Verwendungsmöglichkeiten des Verbrauchs und des Sparens bestehen[4]. Deshalb ist auch die gesamte konsum- und spartheoretische Literatur ausschließlich auf die Erklärung des Verhaltens der privaten Haushalte ausgerichtet.

Eine Konzentration auf die Sparquote der privaten Haushalte ist auch dadurch gerechtfertigt, daß den Haushalten – zumindest in den letzten Jahrzehnten – auch der überwiegende Teil der gesamtwirtschaftlichen Ersparnis zuzurechnen ist: Ihr Anteil an der gesamten Geldvermögensbildung in der Bundesrepublik Deutschland, der in den fünfziger Jahren noch bei nur 20 - 30% gelegen hatte, stieg seither über 40 - 50% in den sechziger Jahren und etwa 80% in den siebziger Jahren kontinuierlich an, bis die Haushalte schließlich anfangs der achtziger Jahre vorübergehend zum einzigen Finanzier der Realkapitalbildung wurden[5]. Somit haben sie ihre angestammte Rolle[6] als wichtigster Träger der Vermögensbildung seit Mitte der sechziger Jahre in immer stärkerem Maße wieder übernommen. Insofern scheint die kreislauftheoretische Idealtypisierung, die den Unternehmen die Aufgabe des Investierens zuweist, den Haushalten hingegen die Rolle zuschreibt, die Investition durch Sparen zu ermöglichen, wieder gerechtfertigt zu sein.

---

[3] Da die Finanzierungssalden der inländischen Sektoren sich gegeneinander aufheben, findet gesamtwirtschaftlich – abgesehen von der Veränderung der Auslandsposition – keine Geldvermögensbildung statt.

[4] Vgl. W. Ehrlicher (1984) S. 241 - 245.

[5] Vgl. ebenda S. 241 - 245.

[6] In den siebziger Jahren bildet sich eine Struktur der Geldvermögensbildung heraus, die der Konstellation vor dem ersten Weltkrieg auffallend ähnelt. Vgl. W. Ehrlicher (1984) S. 245.

2. Erklärungsansätze des Sparverhaltens

2.1 Die neoklassische Spartheorie

In der Geschichte der Volkswirtschaftslehre findet die Frage nach den Bestimmungsgründen der Sparquote erst relativ spät Beachtung: Die klassische Nationalökonomie wird noch „so gut wie spartheorielos"[1] entwickelt.

Erst gegen Ende des 19. Jahrhunderts beginnen die Autoren der Neoklassik, sich intensiv mit den Ursachen des Sparprozesses auseinanderzusetzen[2]. Sie wenden – entsprechend ihrer charakteristischen marginalanalytischen Betrachtungsweise – das Prinzip des Grenznutzenausgleichs auch auf die zeitliche Gestaltung des Konsumstromes an: Bei abnehmendem Grenznutzen des Verbrauchs in den einzelnen Perioden gewährleistet die intertemporale Egalisierung des Konsums die Maximierung des Gesamtnutzens. Sparen bedeutet, auf die sofortige konsumtive Verwendung von Einkommensteilen zu verzichten, ermöglicht aber später durch die Auflösung der Ersparnisse Konsum über das Einkommen hinaus; der gesamte Vorgang stellt sich als Konsumaufschub oder, in neoklassischer Diktion, als Substitution gegenwärtiger durch zukünftige Güter[3] dar.

Dieser Substitutionsprozeß unterliegt dem psychologischen Phänomen der „Zeitpräferenz"[4]: Gegenwartsgüter werden gegenüber Zukunftsgütern höher bewertet, weil die künftigen Bedürfnisse systematisch unterschätzt[5], der „Grenznutzen künftiger Güter gleichsam in perspektivischer Verkleinerung"[6]

---

[1] E. Streißler / W. Neudeck (1984) S. 4.
Die „wohlentwickelte Spardiskussion" – E. Streißler / W. Neudeck (1984) S. 4 – ihrer Vorgänger, der englischen Merkantilisten, geriet unter dem Einfluß Adam Smith's weitgehend in Vergessenheit. Streißler / Neudeck kommentieren trocken: „Fast für eineinhalb Jahrhunderte würgte Smiths todbringende Hand die Spardiskussion ab" – E. Streißler / W. Neudeck (1984) S. 12. Die Aufarbeitung der merkantilistischen Thesen, in denen manche Aspekte der keynesianischen Theorie vorweggenommen wurden, muß aber einer dogmenhistorischen Untersuchung vorbehalten bleiben.

[2] Vgl. E. Streißler / W. Neudeck (1984) S. 15 f.

[3] Umgekehrt können mittels Kreditaufnahme auf den – in der Neoklassik annahmegemäß „vollkommenen" – Kapitalmärkten und nachfolgende Schuldentilgung auch zukünftige Güter durch gegenwärtige substituiert werden: Der Vorgang verläuft völlig analog.

[4] „The marginal preference for present over future goods ... called time preference". I. Fisher (1930) S. 62.

[5] Vgl. E. v. Böhm-Bawerk (1921) S. 332.

[6] Ebenda S. 337.

wahrgenommen wird. Infolgedessen muß ein Haushalt, der trotz dieser Gegenwartsvorliebe Teile seines Einkommens spart, durch ein Zinsentgelt für den temporären Konsumverzicht entschädigt werden[7].

Unter diesem Aspekt bringt der Zins eine intertemporale Preisrelation zum Ausdruck: Je höher der Zinssatz ist, desto billiger erscheinen die zukünftigen Güter im Verhältnis zu den gegenwärtigen, so daß der sofortige Verbrauch zugunsten zukünftigen Konsums eingeschränkt wird. Dieser preisbedingte Substitutionseffekt bewirkt folglich eine positive Abhängigkeit der Ersparnis vom Zinssatz.

Gleichzeitig stellt der Zins jedoch eine Einkommenskategorie dar, was einen Einkommenseffekt auslöst, der die stimulierende Wirkung des Substitutionseffektes auf das Sparen konterkariert[8]: Bei höherem Zinssatz fallen größere Zinseinkünfte an mit der Folge, daß eine verminderte Ersparnis zur Finanzierung desselben Zukunftskonsums ausreicht[9].

Obgleich a priori nicht gesagt werden kann, welcher der gegenläufigen Effekte überwiegt, geht die Neoklassik von einer Dominanz des Substitutionseffektes aus und postuliert, daß steigende Zinsen per Saldo eine Zunahme der Ersparnis bewirken[10].

---

[7] Vgl. ebenda S. 363.

[8] Im Gegensatz zu „normalen" Gütern, bei denen gegenläufige Substitutions- und Einkommenseffekte lediglich im Ausnahmefall inferiorer Güter auftreten (wobei der Einkommenseffekt bei sogenannten „Giffen-Gütern" überwiegt), während sie in aller Regel gleichgerichtet sind, wirken die beiden Effekte beim „‚Ungut' Sparen" – E. Streißler (1986) S. 2 – stets einander entgegen. Vgl. M. Streißler (1974) S. 51 - 53.

[9] Vgl. E. Streißler / W. Neudeck (1985) S. 15 f; F.A. Lutz / J. Niehans (1980) S. 536.

Werden Konsumentenkredite in die Betrachtung einbezogen, schmälert ein Zinsanstieg das nach Abzug der Zinsverpflichtungen noch frei verfügbare Einkommen verschuldeter Haushalte, so daß bei ihnen der Einkommenseffekt ebenso wie der Substitutionseffekt auf die Einschränkung des Konsums hinwirkt. Vgl. F.A. Lutz / J. Niehans (1980) S. 536.

Geht man davon aus, daß bei Schuldnern die Gegenwartsvorliebe ausgeprägter als bei Gläubigern ist, wirken höhere Zinsen über die Umverteilung des Einkommens wiederum anregend auf die Ersparnis. Vgl. G. Blümle (1985) S. 49 f.

[10] Vgl. etwa A. Marshall (1920) S. 196.

Obgleich die Bedeutung des dogmenhistorisch älteren Einkommenseffektes, der bereits von den Merkantilisten ausführlich untersucht worden war, von den Neoklassikern offensichtlich keineswegs verkannt wird, kann ihre „gewisse vorurteilende Vorliebe für den Substitutionseffekt" – E. Streißler (1986) S. 3 – nicht verwundern, ist er doch ihre originäre Entdeckung (auch wenn ähnliche Überlegungen bereits bei D. Ricardo und J.S. Mill anklingen). Vgl. E. Streißler / W. Neudeck (1985) S. 15.

Blümle begründet diesen von den Neoklassikern – die er freilich in Anlehnung an Keynes als „Klassiker" bezeichnet – behaupteten Zusammenhang von Zins und Sparen unter Verzicht auf das preistheoretische Instrumentarium des Substitutions- und Einkommenseffektes mit der zeitgenössischen Besonderheit des Sparprozesses, daß die Geldvermögen hauptsächlich bei Rentiers konzentriert gewesen seien: Behielten diese im Fall einer Zinssteigerung kurzfristig ihren Standardkonsum unverändert bei, „so

2.2 Die keynesianischen Konsumhypothesen

2.2.1 Von der mikroökonomischen Spar- zur makroökonomischen Konsumtheorie

Die nutzentheoretische Analyse des Sparverhaltens auf mikroökonomischer Basis wird in den dreißiger Jahren weitgehend verdrängt von einer Betrachtungsweise, die erst den geeigneten Bezugsrahmen für eine Untersuchung der Bestimmungsgründe der Sparquote schafft: Auf der Basis heuristischer Plausibilitätsüberlegungen über das einzelwirtschaftliche Verbrauchsverhalten werden gesamtwirtschaftliche Konsumfunktionen abgeleitet, die die makroökonomischen Konsum- und Einkommensaggregate – bei im einzelnen differierenden Begriffsinhalten – in Beziehung zueinander setzen.

Der private Verbrauch steht als primär geplante Größe im Vordergrund, während die Ersparnis auf die Rolle eines bloßen Residuums bei gegebenem Einkommen reduziert bleibt. Insofern kann zwar nicht von originären Spartheorien die Rede sein[11], aber es ist problemlos möglich, die in den verschiedenen Hypothesen implizierten Aussagen über die Determinanten der Sparquote zu erschließen[12].

Ausgelöst wird dieser Paradigmawechsel von der mikroökonomischen Spartheorie der Neoklassik zur makroökonomischen Konsumtheorie durch das Erscheinen von J. M. Keynes' „The General Theory of Employment, Interest and Money"[13] im Jahre 1936. Die von ihm entwickelte, später als „Absolute Einkommenshypothese" klassifizierte Konsumtheorie zeigt die Abhängigkeit der Einkommensverwendung vom Einkommensniveau auf: Je höher das Einkommen ist, desto kleiner ist die Konsumquote und desto größer die Sparquote.

---

waren bei mit dem Zins höherem Einkommen notwendigerweise auch die Ersparnisse höher". G. Blümle (1974) S. 193.

Diese Beziehung erscheint zwar durchaus einleuchtend, ein Rückgang des Sparens bei steigendem Zins ließe sich aber ebenso plausibel erklären. Vgl. G. Blümle (1979) S. 108.

11 Bezeichnend ist der lapidare Hinweis in der 16-bändigen „International Encyclopedia of the Social Sciences" (1968): „Saving: See Consumption Function; Interest; Investment".

12 „Since saving is by definition the difference ... between income and consumption, whatever relationships are summarized in a consumption function can be summarized equally well in a saving function ...; the results of one approach can always be translated into the other." J. Tobin (1968) S. 358.

Auch die neoklassische Position wird mit einer gewissen Verzögerung in den fünfziger Jahren wieder aufgegriffen und erlebt, dem konzeptionellen Wandel angepaßt, in Form der Normaleinkommenshypothesen eine eindrucksvolle Renaissance, auf die noch detailliert einzugehen sein wird.

13 J.M. Keynes (1936).

Während Keynes den Einfluß des aktuellen Einkommens auf das Konsum- und Sparverhalten in den Mittelpunkt seiner Betrachtung stellt, führt J. S. Duesenberry die Wirkung der Konsumgewohnheiten und der wechselseitigen Abhängigkeiten des Konsumentenverhaltens in die Analyse ein[14]. Seine „Relative Einkommenshypothese“ wird schließlich von T. M. Brown zur „‚Habit Persistence‘-Hypothese“[15] weiterentwickelt, die die Abhängigkeit des aktuellen Konsumverhaltens von der zurückliegenden Einkommensentwicklung verdeutlicht.

2.2.2 Die Absolute Einkommenshypothese

2.2.2.1 Grundzüge der Hypothese

Keynes bezweifelt die Bedeutung, die die Neoklassik dem Zins als Determinante der Einkommensverwendung für Konsum und Sparen beimißt: Er hält den kurzfristigen Einfluß des Zinses auf die individuelle „Konsumneigung“[16] für sekundär und relativ unwichtig, weil einige Sparmotive durch Zinssteigerung gefördert, andere dagegen gehemmt würden, die Gesamtwirkung mithin komplex und ungewiß sei[17].

Allerdings schränkt er diese Aussage sogleich in dreifacher Hinsicht ein[18]: Zum einen gesteht er ungewöhnlich großen Zinsbewegungen durchaus einen kurzfristigen Einfluß zu, zum anderen könnten längerfristige Zinsänderungen gesellschaftliche Gebräuche möglicherweise erheblich verändern und somit die subjektive Verbrauchsneigung beeinflussen. Die stärkste Wirkung von Zinsänderungen vollzieht sich seiner Ansicht nach jedoch mittelbar über die induzierten Wertänderungen des Geldvermögens.

Neben derartigen eher zufälligen Vermögenswertänderungen[19] zieht Keynes auch veränderte Einkommenserwartungen als Bestimmungsgröße der

---

14 Siehe J.S. Duesenberry (1948) und (1949).

15 Vgl. T.M. Brown (1952).

16 Dieser ursprünglich auf den englischen Merkantilisten James Steuart zurückgehende Begriff der „propensity to consume“ – vgl. E. Streißler / M. Streißler (1966) S. 87 –, den Keynes definiert als „the functional relationship between a given level of income ... and the expenditure on consumption out of that level of income“ – J.M. Keynes (1936) S. 90 – spielt seither eine zentrale Rolle in der Konsumtheorie.

17 „... the short-period influence of the rate of interest on individual spending out of a given income is secondary and relatively unimportant“, denn er ist „complex and uncertain, being dependent on conflicting tendencies, since some of the subjective motives towards saving will be more easily satisfied if the rate of interest rises, whilst others will be weakened“. J.M. Keynes (1936) S. 93 f.

18 Vgl. ebenda S. 93 f.
Streißler weist deshalb akzentuiert darauf hin, daß Keynes selbst nur unter Vorbehalt als Zeuge für die Wirkungslosigkeit des Zinses auf den Konsum in Anspruch genommen werden kann. Vgl. E. Streißler (1978) S. 11.

Konsumneigung in Erwägung[20]. Diese könnten zwar das Verhalten Einzelner beträchtlich beeinflussen, würden sich aber wahrscheinlich für die Gemeinschaft insgesamt ausgleichen – ganz abgesehen davon, daß sie in der Regel mit zuviel Unsicherheit behaftet seien, als daß sie viel Einfluß ausüben könnten.

Abgesehen von diesen Einschränkungen schätzt Keynes die Konsumneigung „unter gewöhnlichen Umständen"[21] als ziemlich stabil ein. Er komprimiert die Quintessenz seiner Analyse in der Formulierung eines „fundamentalen psychologischen Gesetzes", das besagt, „die Menschen neigen in der Regel und im Durchschnitt dazu, bei einer Erhöhung ihres Einkommens ihren Konsum zu steigern, aber nicht um so viel wie die Einkommenserhöhung"[22]; die marginale Konsumneigung sei also positiv, aber kleiner als eins[23]. Im Grunde handelt es sich hierbei um „nichts anderes als ein globales Bedürfnissättigungsgesetz"[24].

Die Konsumneigung wird zwar auch durch die subjektiven Bedürfnisse, Neigungen und Gewohnheiten der Einzelnen – die Keynes aus der Perspektive des Konsumverzichts etwas unsystematisch „die Motive der Vorsicht, Voraussicht, Berechnung, Verbesserung, Unabhängigkeit, Unternehmungslust, des Stolzes und Geizes"[25] nennt – sowie die Prinzipien, auf denen die Einkommensverteilung basiert, beeinflußt[26]. Die Sparmotive werden sich jedoch normalerweise erst über längere Zeiträume hinweg allmählich verändern und können insofern kurzfristig als konstant betrachtet werden[27].

---

[19] „Windfall changes in capital-values not allowed for in calculating net income ... should be classified amongst the major factors capable of causing short-period changes in the propensity to consume." J.M. Keynes (1936) S. 92 f.

[20] Wobei er geringschätzig anmerkt: „We must catalogue this factor for the sake of formal completeness." J.M. Keynes (1936) S. 95.

[21] „in ordinary circumstances". J.M. Keynes (1936) S. 95.
Dem möglichen Einfluß der übrigen „objektiven Faktoren" auf die Konsumneigung – Keynes nennt „a change in the wage-unit", „a change in the difference between income and net income" sowie „changes in fiscal policy" – J.M. Keynes (1936) S. 91 - 95 – ist durch die adäquate Wahl des Einkommensbegriffes, unter dem hier stets das verfügbare Realeinkommen der privaten Haushalte verstanden wird, Rechnung getragen. Vgl. A.J. Karmann (1985) S. 17.

[22] „The fundamental psychological law ... is that men are disposed, as a rule and on the average, to increase their consumption as their income increases, but not by as much as the increase in their income." J.M. Keynes (1936) S. 96; hier zitiert nach der Übersetzung von M. Streißler (1974) S. 119.
Dieser Zusammenhang wurde bereits von den Merkantilisten so gesehen, ohne daß sie ihre Vorstellungen explizit in Form einer Konsumfunktion ausgedrückt hätten. Vgl. E. Streißler / W. Neudeck (1985) S. 7.

[23] Vgl. J.M. Keynes (1936) S. 96.

[24] E. Streißler / M. Streißler (1966) S. 87.

[25] „The motives of Precaution, Foresight, Calculation, Improvement, Independence, Enterprise, Pride and Avarice". J.M. Keynes (1936) S. 108.

[26] Vgl. ebenda S. 91.

Bei der Rezeption von Keynes' Gedankengut wird das „psychologische Gesetz" in der „‚exegetischen' Literatur"[28] in zwei Varianten, die sich bezüglich der wirtschaftstheoretischen und -politischen Implikationen nur wenig unterscheiden, formalisiert[29]:

- Zum einen in einer „sophistischeren Interpretation"[30], die von einer bei steigendem Einkommen kontinuierlich abnehmenden Grenzneigung zum Konsum ausgeht[31], und
- zum anderen in einer einfacheren Version, bei der der Konsum als lineare Funktion des Einkommens, die marginale Konsumneigung also als konstant angenommen wird. In diesem Fall umfaßt der Verbrauch auch eine autonome, einkommensunabhängige Komponente[32], die als Mindestkonsum[33] oder Existenzminimum[34] gedeutet wird.

Obwohl der ersten Version die größere ökonomische Plausibilität zuzusprechen ist, findet die zweite wegen der einfacheren mathematischen und ökonometrischen Handhabung in der theoretischen Analyse ebenso wie in empirischen Untersuchungen breitere Verwendung.

Gemeinsam ist beiden Varianten, daß die marginale Konsumquote geringer als die durchschnittliche ist, so daß sich bei steigendem Einkommen ein Rückgang der durchschnittlichen Konsumquote ergibt. Entsprechend weist die korrespondierende Sparfunktion eine mit dem Einkommen zunehmende Sparquote auf. Die Ersparnis nimmt gewissermaßen den Charakter eines „Luxusgutes"[35] an, das bei wachsendem Einkommen immer mehr Gewicht für die Einkommensverwendung gewinnt.

---

27 Vgl. ebenda S. 91.
Als ihre Determinanten erwähnt Keynes die Einrichtungen und den Aufbau der Wirtschaft, die durch Rasse, Erziehung, Konvention, Religion und Moral geprägten Gebräuche, die gegenwärtigen Hoffnungen und früheren Erfahrungen, die Kapitalausstattung, die durch eine relativ dauerhafte Sozialstruktur bestimmte Vermögensverteilung sowie den erreichten Lebensstandard. Vgl. J.M. Keynes (1936) S. 109.

28 M. Streißler (1974) S. 121.

29 Wobei die vorsichtigen Bedingungen, denen Keynes dieses „Gesetz" unterwirft, bei seinen Epigonen weitgehend vernachlässigt werden.

30 E.-M. Claassen (1980) S. 35.

31 In der bekannten graphischen Darstellung im Konsum/Einkommens-Diagramm handelt es sich um eine vom Ursprung ausgehende Kurve mit durchgehend konkav gekrümmtem Verlauf, mathematisch zu fassen in der Form $C = d \cdot Y^{1/e}$.

32 Repräsentiert durch das Absolutglied der Konsumfunktion $C = a + b \cdot Y$; in der Graphik der Schnittpunkt mit der Ordinate.

33 Vgl. K. Rose (1975) S. 186.

34 Vgl. M. Streißler (1974) S. 120.
Felderer / Homburg betrachten diese Größe dagegen als bloße „statistische Illusion", die aus dem linearen Ansatz resultiert. Vgl. B. Felderer / S. Homburg (1985) S. 109.

35 M. Streißler (1974) S. 119.

2.2.2.2 Das Verhalten der Sparquote

2.2.2.2.1 Antizyklische Reaktion der Sparquote bei konjunkturellen Einkommensschwankungen

Angewandt auf die kurzfristigen Einkommensschwankungen im Konjunkturzyklus besagt Keynes' Hypothese, daß die durchschnittliche Konsumquote im Aufschwung sinkt, im Abschwung dagegen zunimmt. Die entsprechende gegenläufige Entwicklung der Sparquote der privaten Haushalte – die in der Prosperität hoch, in der Rezession nieder ist – wird als antizyklische Reaktion charakterisiert. Diese gegenüber dem Einkommen unterproportionalen Schwankungen der privaten Konsumnachfrage – bzw. die überproportionalen Schwankungen der Sparquote der privaten Haushalte – wirken prinzipiell konjunkturstabilisierend.

Im Fall sogenannter Wachstumszyklen, bei denen die Konjunkturbewegungen in einen Wachstumsprozeß des Volkseinkommens eingebettet sind, können die zyklischen Veränderungen der Sparquote als Verzögerungen und Beschleunigungen eines trendmäßigen Anstiegs der Sparquote in Erscheinung treten; ein absoluter Rückgang ist also nicht zwingend und um so unwahrscheinlicher, je stärker das Wachstum und je schwächer die Konjunkturschwankungen ausgeprägt sind.

2.2.2.2.2 Zunehmende Sparquote bei säkularem Einkommenswachstum: Die „Stagnationsthese"

Behält die Hypothese auch über längere Zeiträume ihre Gültigkeit – wovon Keynes offensichtlich ausgeht, auch wenn er meint, in diesem Fall sei die marginale Sparquote wohl geringer als kurzfristig[36] –, so resultiert aus einem anhaltenden Einkommenswachstum ein kontinuierlicher Anstieg der Sparquote. Sofern die relative Abnahme des Konsums nicht durch die übrigen Nachfragekomponenten – private Investitionen, Staatsausgaben oder Export – kompensiert wird, erwächst aus der zunehmenden „Nachfragelücke" die Gefahr einer säkularen Stagnation reifer Volkswirtschaften mit der Konsequenz dauerhafter Unterbeschäftigung – eine Implikation des „psychologischen Gesetzes", die sich bei Keynes bereits vorsichtig als Hinweis auf die Folgen der „Unterkonsumtion" angedeutet findet[37], aber erst durch A. H. Hansen als „These der säkularen Stagnation"[38] popularisiert wird.

---

[36] Vgl. J.M. Keynes (1936) S. 97.

[37] „Every weakening in the propensity to consume regarded as a permanent habit must weaken the demand for capital as well as the demand for consumption." J.M. Keynes (1936) S. 106.

2.2.2.2.3 Sparquote und Einkommensverteilung

Doch nicht allein das Niveau, sondern auch die Verteilung des Einkommens ist für die Sparquote von Bedeutung[39].

In dieser Hinsicht erscheint es auf den ersten Blick naheliegend, einer Einkommensnivellierung eine negative, einer stärkeren Einkommensdifferenzierung hingegen eine positive Wirkung auf die Sparquote zuzuschreiben. Es ist jedoch zu beachten, daß für den Effekt einer Einkommensumverteilung nicht der Unterschied der individuellen durchschnittlichen Sparquoten, sondern ausschließlich der der marginalen maßgeblich ist[40]. Infolgedessen wird die Sparquote der privaten Haushalte von einer Veränderung der personellen Einkommensverteilung lediglich im Fall einer zunehmenden marginalen Sparneigung berührt.

Wird dagegen zwischen verschiedenen Quellen der Einkommensentstehung differenziert und beispielsweise davon ausgegangen, daß die marginale Sparneigung von Unternehmern höher ist als diejenige von unselbständig Erwerbstätigen[41], so wirkt sich eine veränderte funktionale Einkommensverteilung auch bei Annahme linearer Konsumfunktionen für beide Gruppen auf die Sparquote aus[42].

2.2.2.3 Ergänzungen der Absoluten Einkommenshypothese

Der von Keynes entwickelte Begriffsapparat eröffnete völlig neue Perspektiven für die Erforschung des Konsum- und Sparverhaltens. Darüber hinaus hatte das Menetekel einer säkularen Stagnation zur Folge, daß seine Konsumhypothese in kürzester Zeit zum zentralen Gegenstand der empirischen Wirtschaftsforschung wurde.

Ausgehend von der Überlegung, daß die postulierten makroökonomischen Zusammenhänge nur dann einen Erklärungswert besitzen, wenn sie mikro-

---

[38] „This is the essence of secular stagnation – sick recoveries which die in their infancy and depressions which feed on themselves and leave a hard and seemingly immovable core of unemployment." A.H. Hansen (1939) S. 4.

[39] Was Keynes nur andeutet, ohne es näher auszuführen. Vgl. J.M. Keynes (1936) S. 91.

[40] Vgl. J. Tobin (1968) S. 366; H. König (1978) S. 524.

[41] Kaldor differenziert zwischen „wage-earners" und „capitalists" und greift damit die klassischen Sparannahmen – gespart wird ausschließlich aus Gewinnen, nicht jedoch aus Löhnen – in abgeschwächter Form wieder auf; vgl. N. Kaldor (1955) S. 95. Klein unterscheidet „farmers", „businessmen" und „nonfarmers nonbusinessmen"; vgl. L.R. Klein (1955) S. 290.

[42] In empirischen Untersuchungen tritt freilich das diagnostische Problem auf, daß Veränderungen der funktionalen Einkommensverteilung häufig mit konjunkturellen Einkommensschwankungen einhergehen.

ökonomisch fundiert werden können, wurde in zahlreichen Querschnittsanalysen[43] das Sparverhalten von Haushalten unterschiedlicher Einkommenshöhe im gleichen Zeitraum verglichen. Dabei fand Keynes' Hypothese generell eine Bestätigung. Ebenso ergaben kurzfristige makroökonomische Zeitreihenuntersuchungen unter Verwendung eines linearen Regressionsansatzes die Existenz einer autonomen Konsumkomponente und zeigten somit das Bild, das dem „psychologischen Gesetz" entspricht[44].

Dagegen wies S. Kuznets in einer umfangreichen Untersuchung über den Zeitraum von 1879 bis 1938 für die Vereinigten Staaten nach, daß die Sparquote im Konjunkturverlauf zwar tatsächlich antizyklischen Schwankungen unterlag, langfristig jedoch trotz erheblich gestiegener Einkommen praktisch unverändert geblieben ist[45].

Somit konzentrierte sich die Forschung in der Folgezeit vorrangig darauf, diesen vermeintlichen Widerspruch zwischen kurz- und langfristiger Konsum- bzw. Sparfunktion zu lösen: Seither wird jede neue Hypothese zunächst daran gemessen, ob sie die antizyklische Reaktion der Sparquote im Konjunkturverlauf und die säkulare Konstanz im Wachstumsprozeß gleichzeitig einleuchtend zu erklären vermag.

Als erster versucht A. Smithies, dieses Dilemma zu lösen, indem er die Keynes'sche Konsumfunktion um einen exogen vorgegebenen Trendfaktor erweitert[46]: Säkulare Tendenzen wie die Abwanderung der Landbevölkerung in die Städte, die Einkommensnivellierung sowie die laufende Erhöhung des Lebensstandards durch Einbeziehung ehemaliger Luxusgüter in den Standardkonsum[47] verursachen eine kontinuierliche Verschiebung der „wahren" kurzfristigen Konsumfunktion, so daß Kuznets' langfristige Konsumfunktion sich als statistische Illusion ergibt. Ein derartiges Vorgehen mutet jedoch als formale, ökonomisch nur wenig begründete Modifikation der Absoluten Einkommenshypothese an.

---

[43] Zur Problematik derartiger Querschnittsuntersuchungen, insbesondere bezüglich der praktisch nicht einzuhaltenden „ceteris paribus"-Bedingung, siehe D. Fricke (1972) S. 25 - 33.

[44] Vgl. G. Blümle (1979) S. 120.

[45] Vgl. S. Kuznets (1942).
Ein gutes Jahrzehnt später kam R.W. Goldsmith (1955) zum gleichen Ergebnis wie Kuznets.
Im Gegensatz zu den USA, auf die sich beide Untersuchungen bezogen, war in der Nachkriegszeit in der Bundesrepublik Deutschland, aber auch in anderen Industriestaaten mit raschem Wirtschaftswachstum wie Österreich und Japan, ein deutlicher, bis in die siebziger Jahre hinein anhaltender Anstieg der Sparquote der privaten Haushalte zu beobachten. Die befürchtete Stagnation blieb freilich aus, da andere Nachfragekomponenten den Rückgang der Konsumquote ausglichen.

[46] Vgl. A. Smithies (1945) S. 6.

[47] Smithies erwähnt beispielhaft den Kühlschrank.

Aus der Fülle ähnlicher Versuche[48] ist noch ein Ansatz von J. Tobin[49] erwähnenswert. Seiner Ansicht nach verhindert das Wachstum der Vermögensbestände, daß der eigentlich durchaus wirksame Mechanismus des „psychologischen Gesetzes" in langfristigen Untersuchungen zum Ausdruck kommt: Während der Einkommensanstieg die Konsumneigung reduziert, wirkt die simultane Zunahme des Geldvermögens verbrauchsanregend. Diese gegenläufigen Effekte kompensieren einander mit dem Ergebnis einer säkularen Konstanz der Sparquote.

2.2.3 Die Relative Einkommenshypothese

2.2.3.1 Grundzüge der Hypothese

Schließlich gelingt es J. S. Duesenberry, durch die Berücksichtigung von Gewohnheitsbindungen im Verbraucherverhalten sowie die Einbeziehung sozialpsychologischer Argumente die scheinbar widersprüchlichen empirischen Befunde miteinander zu vereinbaren. Die von ihm entwickelte „Relative Einkommenshypothese"[50] basiert auf zwei zentralen Annahmen:

- Das Konsumverhalten der Haushalte ist interdepentent und nicht – wie Keynes implizit in ungebrochen neoklassischer Tradition annahm – voneinander unabhängig[51], und
- die Konsumgewohnheiten passen sich zwar flexibel an steigende Einkommen an, sind bei Einkommensrückgängen jedoch kurzfristig irreversibel.

2.2.3.2 Das Verhalten der Sparquote

2.2.3.2.1 Säkulare Konstanz der Sparquote: Der „Demonstrationseffekt"

Die erste Annahme, die die soziale Abhängigkeit der Einkommensverwendung betont, erklärt den Unterschied zwischen der mikroökonomischen, aus

---

[48] Auf eine Anzahl weiterer Autoren verweist D. Fricke (1972) S. 36.

[49] Vgl. J. Tobin (1951) S. 135 - 156, insbesondere S. 152 - 156. Diese Hypothese entstand chronologisch als Replik auf Duesenberry's Relative Einkommenshypothese, ist aber systematisch hier einzuordnen.

[50] Siehe J.S. Duesenberry (1948) und derselbe (1949).
Fricke weist darauf hin, daß Duesenberry's Hypothese wesentlich auf empirischen Untersuchungen von H. Mendershausen (1940) beruht. Einige Gedanken wurden zudem bereits von D.S. Brady / R.D. Friedman (1947) vorweggenommen. Vgl. D. Fricke (1972) S. 40. Zeitlich parallel mit Duesenberry, aber unabhängig von ihm entwickelte F. Modigliani (1949) einen ähnlichen Ansatz.

[51] In einer engen Interpretation werden bisweilen nur die aus dieser ersten Annahme gezogenen Schlußfolgerungen unter den Terminus „Relative Einkommenshypothese" subsummiert, wie etwa bei G. Blümle (1985) S. 34 f.

Budgetdaten einer Querschnittsuntersuchung gewonnenen Konsumfunktion einerseits und der makroökonomischen, auf längerfristigen Zeitreihen basierenden andererseits.

Nicht das absolute Einkommen eines Haushaltes determiniert dessen Konsumausgaben, sondern sein „relatives Einkommen“, das seine individuelle Stellung in der Einkommenshierarchie repräsentiert. Empfänger höherer Einkommen weisen – obwohl sie typischerweise einen vergleichsweise großen Anteil sparen – ein hohes absolutes Konsumniveau auf und wirken dadurch als „Konsumführer“[52]: Sie üben einen „Demonstrationseffekt“[53] auf die finanziell schlechter gestellten Haushalte aus, die ihrerseits versuchen, dem vorgeführten Konsumstandard möglichst nahe zu kommen – treffend charakterisiert als „‚Keeping up with the Joneses‘-Mentalität“[54] –, was ihnen nur bei einer höheren Konsum- bzw. bei einer geringeren Sparquote möglich ist.

Insofern gilt Keynes’ Gesetz zwar einzelwirtschaftlich für den Haushalt, der seine Position in der Einkommenspyramide verändert, nicht jedoch gesamtwirtschaftlich bei gleichmäßig steigenden Einkommen im Wirtschaftswachstum: Während die einen die Konsummuster der anderen nachzuahmen trachten, bleiben jene bemüht, sich abzusetzen, um ihren gehobenen sozialen Status weiterhin zu dokumentieren, so daß sich ein gegenseitiges Hochschaukeln des Verbrauchs ergibt.

Infolgedessen ändert sich das Verhältnis von Konsum und Ersparnis bei einem Haushalt, der seine relative Einkommensstellung beibehält, trotz des höheren Einkommens nicht. Da sich die Positionsverschiebungen einzelner Haushalte in der Einkommenspyramide, die deren jeweilige individuelle Sparneigung beeinflussen, bei Konstanz der personellen Einkommensverteilung im Aggregat gegenseitig ausgleichen, bleibt die Sparquote im volkswirtschaftlichen Wachstumsprozeß säkulär unverändert.

2.2.3.2.2 Antizyklische Schwankungen der Sparquote: Der „Einklinkeffekt“

Duesenberry’s zweite Annahme erläutert den Unterschied zwischen den Konsumfunktionen, die anhand kurz- und langfristiger Zeitreihen gewonnen werden.

Dabei wird die Bedeutung des absoluten Einkommens für die Einkommensverwendung noch weiter relativiert: Die Sparquote ist abhängig davon, in welchem Verhältnis das gegenwärtig verfügbare zum höchsten bisher erreichten

---

[52] „consumption leaders“. J. Tobin (1968) S. 364.
[53] „demonstration effect“. J.S. Duesenberry (1949) S. 27.
[54] O. Landmann (1976) S. 167.

Einkommen steht[55]. Solange das Einkommen wächst[56] – der aktuelle Wert also höher als jeder in der Vergangenheit erzielte liegt –, nehmen Konsum und Ersparnis aufgrund der Interdependenz des Verbraucherverhaltens der Haushalte mit derselben Rate zu; die Sparquote bleibt infolgedessen langfristig stabil[57].

In diesem Prozeß paßt sich das Anspruchsniveau der Haushalte rasch an ihren steigenden Lebensstandard an mit der Konsequenz, daß ein „Einklinkeffekt"[58] eintritt, sobald ein konjunkturbedingter Einkommensrückgang erfolgt: Wegen kurzfristiger Irreversibilität der Konsumgewohnheiten wird der Verbrauch erheblich weniger als das Einkommen eingeschränkt; es wird also versucht, das einmal erreichte Konsumniveau zu Lasten der Ersparnis möglichst beizubehalten[59]. Infolgedessen wird in der Rezession ein geringerer Anteil des Einkommens gespart als in der Hochkonjunktur[60].

Säkulare Konstanz und antizyklische Schwankungen der Sparquote im Konjunkturverlauf sind im Rahmen der Relativen Einkommenshypothese also problemlos miteinander vereinbar.

2.2.3.2.3 Sparquote und Einkommensverteilung

Hinsichtlich der Bedeutung einer veränderten personellen Einkommensverteilung für die Sparquote lassen sich aus der Relativen Einkommenshypothese

---

[55] Formal ergibt sich die Konsumfunktion als $C_t = a \cdot Y_t - b\ (Y_t^2/Y_{\max})$, die kurzfristige Konsumquote entsprechend als $C_t/Y_t = a - b\ (Y_t/Y_{\max})$. Vgl. G. Blümle (1979) S. 125; R. Richter / U. Schlieper / W. Friedmann (1981) S. 232.

Genau betrachtet handelt es sich bei dieser üblichen Darstellung um eine idealtypisierende Zuspitzung von Duesenberry's Hypothese, der einerseits Einkommen oder Konsum des letzten Konjunkturhöhepunktes alternativ ins Auge faßt und sich andererseits lediglich aus Gründen besserer Praktikabilität auf das Spitzeneinkommen beschränkt, obgleich er eigentlich eine differenziertere Betrachtung für geboten hält: „We can conclude then that the income or consumption of the last cyclical peak will carry a special and very heavy weight in determining consumption at a given (lower) level of income during a depression. In principle a weighted average of all the incomes from the peak year to the current year ought to be used." J.S. Duesenberry (1948) S. 74.

[56] Duesenberry beschränkt seine Analyse der langfristigen Entwicklung auf die Phasen der Hochkonjunktur: „... the long period relation of saving and income considering only periods of approximately full employment ...". J.S. Duesenberry (1948) S. 75.

[57] Im gleichgewichtigen Wachstum gilt wegen $Y_t = Y_{\max}$ langfristig die Konsumfunktion $C_t = (a - b) Yt = d \cdot Y_t$, woraus die Konstanz der Konsumquote „d" und somit der Sparquote unmittelbar einsichtig ist. Vgl. G. Blümle (1979) S. 125.

[58] „ratchet effect". J.S. Duesenberry (1949) S. 114.

[59] Bei Wachstumszyklen, in denen sich der Einkommensanstieg in der Rezession lediglich verlangsamt, ohne völlig zum Stillstand zu kommen oder gar in einen Einkommensrückgang überzugehen, wäre die Argumentation dahingehend zu modifizieren, daß die Haushalte auf ein kontinuierliches Einkommenswachstum eingestellt und nicht gewillt sind, ihr Konsumverhalten einer langsameren Expansion anzupassen.

[60] Formal ausgedrückt bedeutet dies, daß die kurzfristige marginale Sparquote höher als die langfristige ist.

keine unmittelbar zwingenden Schlußfolgerungen ableiten; sie legt jedoch den Schluß nahe, daß eine Einkommensnivellierung konsumdämpfende Effekte auslösen und somit, ganz im Gegensatz zu den Implikationen von Keynes' Hypothese, eine höhere Sparquote verursachen könnte[61].

2.2.3.3 Die Weiterentwicklung zur „Habit Persistence"-Hypothese

Die Kritik an der Relativen Einkommenshypothese konzentriert sich auf den „Einklinkeffekt", der betont, daß Konsumstandards zwar bei Einkommenssteigerungen unverzüglich höher gesetzt, bei Einkommensrückgängen aber nicht zurückgenommen werden. Dies impliziert, daß die Verhaltensänderungen diskontinuierlich auftreten, sobald der prägende Einfluß des – in der Vergangenheit erzielten – Maximaleinkommens abrupt durch ein höheres aktuelles Einkommen gebrochen wird. Sowohl die Annahme der Asymmetrie, als auch jene der Diskontinuität der Veränderung von Konsumgewohnheiten wird als unrealistisch angesehen.

Diesen Einwänden kann Rechnung getragen werden, indem das höchste bisherige Einkommen als unabhängige Variable ersetzt wird durch das Einkommen vergangener Perioden, unabhängig von seiner relativen Höhe. Die einfachste Möglichkeit, die Annahme eines gleichmäßigen Gewohnheitsabbaus zu formalisieren, ist, unter Verwendung des Robertson-Lags[62] das Einkommen der Vorperiode neben dem laufenden Einkommen als Konsumdeterminante heranzuziehen[63].

Eine weitere denkbare Modifikation von Duesenberry's Ansatz besteht darin, den Verbrauch selbst als gewohnheitsbildende Größe zu betrachten und deshalb statt des Maximaleinkommens unmittelbar das höchste früher erreichte Konsumniveau zu berücksichtigen[64].

Die Kombination beider Varianten führt schließlich zur „Habit Persistence"-Hypothese[65]: T.M. Brown konstatiert eine gewisse Trägheit im Konsumentenverhalten, die verhindert, daß der Verbrauch durch abrupte Variationen vollständig an die Schwankungen des Einkommens angeglichen wird. Stattdessen sei realistischerweise davon auszugehen, daß die Konsumgewohn-

---

[61] Vgl. J.S. Duesenberry (1949) S. 44.

[62] Robertson hatte den Konsum als allein vom Einkommen der Vorperiode abhängig betrachtet. Vgl. D.H. Robertson (1933) S. 399.

[63] Somit ergibt sich $C_t = a + b \cdot Y_t + d \cdot Y_{t-1}$. Vgl. T.M. Brown (1952) S. 358.

[64] Etwa in der Form $C_t = a + b \cdot Y_t + d \cdot C_{max}$. Vgl. T.M. Brown (1952) S. 360; T.E. Davis (1952) S. 274.

[65] Vgl. T.M. Brown (1952) S. 355 - 371, insbesondere S. 359 u. 370.
Der allgemein gebräuchliche englische Ausdruck soll hier beibehalten werden, da die nur vereinzelt vorgenommenen Übersetzungsversuche wie etwa die „Hypothese vom ‚graduellen Absinken des Einflusses habituierten Verhaltens'" – M. Pfaff / R. Dennerlein (1978) S. 130 – sich in der Literatur nicht durchsetzen konnten.

heiten der Haushalte sich in einem kontinuierlichen Anpassungsprozeß erst allmählich auf veränderte Einkommensverhältnisse einstellen. Diesen „habit persistence effect"[66] erfaßt er in der Weise, daß er neben dem Einkommen der laufenden Periode den Konsum der Vorperiode als Bestimmungsgröße des aktuellen Konsums heranzieht[67].

Da der gleiche Zusammenhang ebenso für jede vorhergehende Periode gilt, impliziert diese Verhaltensannahme, daß der Konsum in der „Habit Persistence"-Hypothese letztlich von sämtlichen vergangenen Einkommen abhängig ist, die mit geometrisch fallenden Gewichten wirksam bleiben[68].

Einerseits führt die stabilisierende Wirkung der kurzfristig starren Verbrauchsgewohnheiten dazu, daß der Konsum die konjunkturellen Einkommensveränderungen nur gedämpft mitvollzieht, die Sparquote kurzfristig also antizyklisch schwankt. Andererseits vermag Brown's Hypothese auch die säkulare Konstanz der Sparquote bei anhaltendem Einkommenswachstum, auf das die Haushalte sich einstellen können, zu erklären[69] – sie könnte freilich ebenso plausibel auf eine im Trend steigende oder fallende Sparquote angewandt werden.

---

66 T.M. Brown (1952) S. 359.

67 Unter Berücksichtigung eines Absolutgliedes lautet die entsprechende Formel $C_t = a + b \cdot Y_t + d \cdot C_{t-1}$ mit $0 \leq d \leq 1$, wobei „b" die kurzfristige marginale Konsumneigung angibt. Vgl. T.M. Brown (1952) S. 359; L.R. Klein (1955) S. 291.

Damit erklärt Brown als erster den laufenden Wert einer Größe durch eine Verzögerungsvariable derselben Größe. Vgl. M. Streißler (1974) S. 126.

68 Dies wird deutlich durch die Anwendung der sogenannten Koyck-Transformation, die nach geeigneter Umformung

$$C_t = a/(1-d) + b\,(Y_t + d \cdot Y_{t-1} + d^2 \cdot Y_{t-2} + d^3 \cdot Y_{t-3} + \ldots)$$

ergibt. Vgl. L.R. Klein (1958a) S. 553 - 561; M. Streißler (1974) S. 126.

Diese Konsequenz wurde bereits von Duesenberry erkannt. Er ließ sie aber in seiner Hypothese unberücksichtigt, weil er die formalen Komplikationen als zu hoch einschätzte.

69 Unter der Annahme, daß sich gleichgewichtige Werte für C und Y eingestellt haben, ergibt sich $C = a/(1-d) + b/(1-d) \cdot Y$, wobei „$b/(1-d)$" als langfristige marginale Konsumneigung interpretiert wird. Vgl. L.R. Klein (1955) S. 291.

Wegen der a priori-Restriktion für den Reaktionsparameter „d" ist die langfristige Grenzneigung zum Konsum größer als die kurzfristige, die langfristige marginale Sparneigung also – wie auch bei Duesenberry – geringer als die kurzfristige. Vgl. M. Streißler (1974) S. 127.

Diesen auf die Trägheit der Konsumgewohnheiten zurückzuführenden Unterschied zwischen lang- und kurzfristiger Sparquote erkannte bereits Keynes, der aber gleichwohl von der Gültigkeit des „psychologischen Gesetzes" auch in der langen Frist ausging. Vgl. J.M. Keynes (1936) S. 97.

2.2.4 Kritik der keynesianischen Konsumhypothesen

2.2.4.1 Überbetonung der Konsumgewohnheiten

Zwei Jahrzehnte lang dominierten Keynes und seine Epigonen unangefochten die spartheoretische Diskussion; die zunehmende Ausdifferenzierung ihrer Hypothesen vollzog sich innerhalb eines Rahmens, der die früher gewonnenen Erkenntnisse der neoklassischen Spartheorie weitgehend aus der Betrachtung ausgeblendet ließ. Erst Mitte der fünfziger Jahre setzte eine fundamentale Kritik einiger – bis dahin von den meisten Vertretern keynesianischer Positionen in ihrer Bedeutung nicht erkannter – Implikationen dieses Paradigmas ein.

Zunächst wendet diese Kritik sich dagegen, daß in den Hypothesen von Duesenberry und Brown – nachdem in der anfänglichen Rezeption des „psychologischen Gesetzes“ das Zeitmoment sogar völlig vernachlässigt blieb – ausdrücklich ein an der Vergangenheit ausgerichtetes Konsumverhalten unterstellt wird. Stattdessen sei von einer rationalen, prinzipiell zukunftsorientierten Entscheidungsfindung der Haushalte auszugehen. Ihr relativ gleichmäßiges Verbrauchsverhalten resultiere nicht etwa aus den Schwierigkeiten einer Änderung von Konsumgewohnheiten, sondern vielmehr aus ihrer Einsicht in die „Sinnlosigkeit“[70] einer Anpassung des Konsums an nur vorübergehende Einkommensschwankungen[71].

2.2.4.2 Fehlinterpretation des Konsumbegriffes

Weiterhin wird den keynesianischen Autoren vorgeworfen, ihren Hypothesen einen falsch verstandenen Konsumbegriff zugrunde zu legen, indem Verbrauch und Verbrauchsausgaben undifferenziert gleichgesetzt würden. Dabei werde verkannt, daß es eine Kategorie von Konsumgütern gäbe, deren Anschaffung investiven Charakter habe – die sogenannten „langlebigen Konsumgüter“[72].

Typische langlebige Konsumgüter sind beispielsweise Kraftfahrzeuge, Haushaltsgeräte, Unterhaltungselektronik oder Heimwerkermaschinen – häu-

---

[70] E. Streißler / M. Streißler (1966) S. 90.

[71] Daraus folgt, daß es schon vom Ansatz her verfehlt wäre, eine unmittelbare Kausalität zwischen den in einzelnen Perioden beobachteten Ersparnis- und Einkommenswerten herstellen zu wollen. Eine Analyse des Sparverhaltens auf der Grundlage von Jahres- oder Quartalsdaten müßte vielmehr berücksichtigen, daß die gemessenen Werte willkürlich aus einem einheitlichen Sinnzusammenhang heraus isoliert sind, da der relevante Planungshorizont der Haushalte eine längere, zumindest einige Jahre umfassende Zeitspanne beträgt.

[72] Synonym werden die Begriffe dauerhafte Konsumgüter, Gebrauchsgüter oder „durables“ verwandt.

fig als „Autos“ und „Nichtautos“[73] klassifiziert –; aber auch vom Eigentümer selbst genutzte Wohnungen und Eigenheime sind darunter zu subsumieren[74]. Im Gegensatz zu den „Verbrauchsgütern“, bei denen, abgesehen von eventueller Vorratshaltung, Anschaffung und Verbrauch – bei Nahrungsmitteln buchstäblich der „Verzehr“ – in derselben Periode stattfinden, sind derartige „Gebrauchsgüter“ dadurch gekennzeichnet, daß ihr Gebrauch sich über mehrere Perioden erstreckt[75], Kauf[76] und Nutzung also zeitlich auseinanderfallen.

Die Anschaffung eines dauerhaften Konsumgutes verkörpert, bildlich gesprochen, die Lagerung eines „Bündels“ spezifischer Dienste[77], die während seiner Nutzungsdauer über einen längeren Zeitraum hinweg sukzessive in Anspruch genommen werden. Infolgedessen besteht ein enges Substitutionsverhältnis zwischen der Ausstattung mit Gebrauchsgütern und der Nachfrage nach Dienstleistungen[78]: Die Benutzung des eigenen Kraftfahrzeuges, des Fernsehgerätes oder der Waschmaschine ersetzt dem Haushalt die Bahnreise, den Kinobesuch oder die Leistungen einer Reinigung[79].

---

[73] Vgl. G. Blümle (1974) S. 195.

[74] Vgl. J. Tobin (1968) S. 358; H. König (1978) S. 514.

[75] Vgl. G. Faltin (1974) S. 55; G. Clausse (1979) S. 26 f.
Die gewählte Periodenlänge bestimmt also die kritische Zeitgrenze, die dauerhafte und nicht-dauerhafte Konsumgüter trennt. Vgl. H. König (1978) S. 514.
Um zu einer zweckmäßigen und praktikablen Abgrenzung zu gelangen, die die geringwertigen Gegenstände des täglichen Gebrauchs wie etwa Besteck oder Geschirr ausschließt, treten neben die Dauerhaftigkeit als ergänzende Kriterien, zumeist stillschweigend übergangen, die physische Unteilbarkeit und ein vergleichsweise hoher Anschaffungspreis der Gebrauchsgüter. Vgl. G. Faltin (1974) S. 55; G. Clausse (1979) S. 28.
Diese Unteilbarkeit resultiert im Grunde aus der Unvollkommenheit der Märkte für „Gebraucht-Durables“. G. Clausse (1979) S. 29; vgl. auch U. Sander (1986) S. 66.
Langlebige Konsumgüter dadurch zu charakterisieren, daß sie „mehr oder weniger häufig, zumindest jedoch mehr als einmal benutzt werden können“ – C. Plassmann (1964) S. 13 –, erscheint nicht zweckmäßig: Dieses Kriterium ist allenfalls bei diskontinuierlich beanspruchten Gebrauchsgütern (Herd, Wasch- oder Spülmaschine, Stereoanlage usw.) tauglich; auf Güter, deren Leistungsverzehr stetig abläuft (wie bei Kühlschrank oder Gefriertruhe, aber auch bei Wohnungen), ist es hingegen nicht sinnvoll anwendbar.

[76] Spezielle Finanzierungsformen wie Ratenkauf oder Leasing sind in diesem Zusammenhang nicht von Interesse, da sie die hier diskutierte grundsätzliche Problematik lediglich überlagern.

[77] Vgl. G. Faltin (1974) S. 59; G. Clausse (1979) S. 31; U. Sander (1986) S. 61.

[78] Die langfristig unübersehbar steigende Nachfrage nach langlebigen Konsumgütern verzögert also die Entwicklung hochindustrialisierter Volkswirtschaften zur nachindustriellen Dienstleistungsgesellschaft erheblich.

[79] Wenn E. und M. Streißler daneben die Komplementarität zu den Dienstleistungen anhand des Beispiels „Auto-Urlaubsreise“ erwähnen, so übersehen sie, daß die Fahrzeugbenutzung nur die Bahnreise oder den Flug, im Fall eines Wohnmobils beispielsweise auch die Hotelübernachtung – also stets eine Dienstleistung – substituiert. Vgl. E. Streißler / M. Streißler (1966) S. 86.

An das Charakteristikum langlebiger Konsumgüter, daß Kauf und Nutzung zeitlich divergieren, knüpfen zwei alternative Konzepte der konsumstatistischen Erfassung an[80]:

- Zum einen das Marktentnahme- oder Ausgabenkonzept, das die marktwirksame Nachfrageentfaltung betont und demzufolge alle Konsumausgaben einer Periode unterschiedslos als Verbrauch gewertet werden, und
- zum anderen das Versorgungs- oder Verbrauchskonzept, das – aus nutzentheoretischer Sicht angemessener – stärker auf die Bedürfnisbefriedigung der Haushalte abstellt: Der Erwerb eines dauerhaften Konsumgutes wird als Bildung von Konsumkapital angesehen und lediglich der periodische Werteverzehr durch Leistungsabgabe neben den Ausgaben für Verbrauchsgüter und Dienstleistungen als Konsum betrachtet.

Der Unterschied zwischen den beiden Konzepten kann sich besonders kurzfristig bemerkbar machen, wenn die Ausgaben für langlebige Konsumgüter sich im Konjunkturverlauf nicht synchron zur Nutzung des jeweils vorhandenen Bestandes entwickeln: Dies hat zur Folge, daß ein unterschiedliches zyklisches Verlaufsmuster der Sparquote ausgewiesen wird. In der längerfristigen Sicht werden Versorgungs- und Marktentnahmekonzept dagegen annähernd zum selben Ergebnis führen[81].

In den keynesianischen Konsumhypothesen werden bei Gebrauchs- wie Verbrauchsgütern lediglich die Konsumausgaben betrachtet und somit implizit das Marktentnahmekonzept zugrunde gelegt. Von den Kritikern dieser Ansätze wird diese Vorgehensweise als verfehlt angesehen und als Ignoranz gegenüber der speziellen Problematik langlebiger Konsumgüter gedeutet.

Diese Diskrepanz muß jedoch keineswegs darauf zurückgeführt werden, daß die keynesianisch orientierten Autoren den spezifischen Charakter der Gebrauchsgüter nicht erkannt hätten, sondern kann auch darin begründet sein, daß sie das Marktentnahmekonzept stillschweigend als zweckmäßiger erachteten. Dies erscheint insofern naheliegend, als Keynesianer typischerweise wegen der von ihnen angenommenen Instabilität der privaten Nachfrage von der Korrekturbedürftigkeit des Marktgeschehens durch diskretionäre fiskalpolitische Maßnahmen überzeugt sind, für deren Dosierung die Kenntnis der Konsumausgaben notwendig, der Grad der Bedürfnisbefriedigung der Haushalte hingegen praktisch irrelevant ist.

---

80 Vgl. R. Döhrn (1979) S. 173; G. Clausse (1979) S. 24 - 26.
Eine Differenzierung zwischen „privatem Verbrauch" und „privatem Konsum" – G. Clausse (1979) S. 24 – schafft ebenso wenig Klarheit wie die Unterscheidung von „Konsum im engeren" und „im weiteren Sinne" bei E. Streißler / M. Streißler (1966) S. 13 sowie bei G. Blümle (1979) S. 132.

81 Vgl. G. Clausse (1979) S. 25.

2.2.4.3 Vernachlässigung des Vermögens

Schließlich wird kritisiert, daß die keynesianischen Theoretiker – mit Ausnahme von Tobin – ihre Analyse des Sparverhaltens auf die Beobachtung von Stromgrößen beschränken und dadurch den Einfluß von Bestandsgrößen, in erster Linie des Vermögens, auf die Entwicklung der Sparquote völlig außer Acht lassen. Dies trifft zwar insofern nicht zu, als Keynes selbst die Bedeutung von Vermögenswertänderungen – konkret bezogen auf die zinsinduzierten Schwankungen des Kurswertes festverzinslicher Wertpapiere – für die Sparneigung ausdrücklich anspricht[82]; in der exegetischen Literatur geht dieser Aspekt jedoch weitgehend unter.

2.3. Die Normaleinkommenshypothesen

2.3.1 Der konzeptionelle Gegenentwurf

2.3.1.1 Rationalverhalten statt Gewohnheitsbindung

Mitte der fünfziger Jahre wurde schließlich die Renaissance der neoklassischen Tradition, die mehr als zwei Jahrzehnte lang ein Schattendasein gefristet hatte, eingeleitet, als mehrere Autoren Fisher's Theorie der intertemporalen Nutzenmaximierung[83] wieder aufgriffen[84], weiter entwickelten und, der neuen Sichtweise angepaßt, in Gestalt makroökonomischer Konsumfunktionen neu präsentierten. Diese „neuen" Konsumhypothesen wurden unter dem Oberbegriff der „Normaleinkommenshypothesen"[85] zusammengefaßt und den „alten", keynesianisch orientierten Theorien gegenübergestellt. Zwei Varianten wurden praktisch zeitgleich, aber unabhängig voneinander entwickelt: Einerseits die „Permanente Einkommenshypothese"[86] von M. Friedman und andererseits die „Lebenszyklushypothese"[87] von F. Modigliani, R. E. Brumberg und A. K. Ando.

Beiden Ansätzen liegt die Idee rationaler Planung der Einkommensverwendung zugrunde, nach der ein Haushalt das Ziel verfolgt, seinen Nutzen durch Verstetigung des Verbrauchs zu maximieren. So wird Sparen und Entsparen

---

[82] Vgl. J.M. Keynes (1936) S. 92 - 94.

[83] Vgl. I. Fisher (1907) sowie derselbe (1930).

[84] Vgl. M. Friedman (1957) S. 7; F. Modigliani (1975) S. 5.

[85] „Normal income hypothesis". M.J. Farrell (1959) S. 679.
Alternativ ist auch der Ausdruck „Dauereinkommenshypothesen" gebräuchlich. Vgl. E. Streißler / M. Streißler (1966) S. 89; G. Blümle (1979) S. 127.

[86] Vgl. M. Friedman (1957) sowie derselbe (1963).

[87] Vgl. F. Modigliani / R.E. Brumberg (1955); A.K. Ando / F. Modigliani (1959) sowie dieselben (1963).

eine „Pufferfunktion“[88] zugewiesen, die verhindern soll, daß Einkommensschwankungen auf den Konsum durchschlagen.

Dies erfordert zum einen, längerfristigen Zusammenhängen eine größere Bedeutung als kurzfristigen Korrelationen beizumessen. Zum anderen impliziert die Annahme rationaler Konsumplanung, daß die Haushalte sich grundsätzlich an der zukünftig erwarteten Einkommensentwicklung ausrichten und nicht – wie die Keynesianer unterstellen – an lieb gewordenen Konsumgewohnheiten festhalten.

2.3.1.2 Nutzen- statt Marktorientierung

Ihrer nutzentheoretischen Argumentation gemäß gehen die Normaleinkommenshypothesen von einem Konsumbegriff aus, der dem Versorgungskonzept entspricht[89]: Bedürfnisse werden nicht bereits durch den Erwerb langlebiger Konsumgüter befriedigt, sondern erst durch die Inanspruchnahme ihrer Leistungen. Ihre Anschaffung stellt also – anders als in der keynesianischen Theorie – noch keinen Verbrauch, sondern zunächst eine Substitution von Geld- durch Konsumkapital dar; erst die Nutzung der Gebrauchsgüter ist als Konsum anzusehen.

2.3.1.3 Integration des Vermögens

Aus der Anwendung des Versorgungskonzeptes im Rahmen der Normaleinkommenshypothesen folgt, daß die Bestände an langlebigen Konsumgütern dem Vermögen der Haushalte zuzurechnen sind[90]. Doch auch darüber hinaus kommt dem Vermögen in den neuen Hypothesen sowohl generell, als auch speziell hinsichtlich seiner Interdependenz mit dem Einkommen eine zentrale Bedeutung zu[91]: Einkommen wird ausdrücklich verstanden als „the

---

[88] A.J. Karmann (1985) S. 20.

[89] „... consumption will be defined as the expenditure on nondurable goods and services ... plus current depreciations of direct-service-yielding durable goods“. F. Modigliani / R.E. Brumberg (1955) S. 393. Vgl. auch M. Friedman (1957) S. 20; M.J. Farrell (1959) S. 678 f.

[90] „... any possessions which can be turned into cash ... should ... be treated as an asset. These possessions include, in particular, equities in unconsumed durable goods. Saving and dissaving can then usefully be defined as the positive, or negative, change in the net worth of an individual during a specific time period.“ F. Modigliani / R.E. Brumberg (1959) S. 393.

„... expenditures on durable consumer goods can be regarded as capital expenditures and only the imputed value of services rendered included as consumption“. M. Friedman (1957) S. 20. Vgl. auch M.J. Farrell (1959) S. 678.

[91] Die Behauptung, dadurch werde der Unterschied zwischen Einkommen und Vermögen „verwischt“ – E. Streißler / M. Streißler (1966) S. 319 – ist jedoch völlig verfehlt.

amount a consumer unit could consume ... while maintaining its wealth intact"[92]. Anders als in der keynesianischen Spartheorie fließen hier also explizit bestandsanalytische Aspekte in die Untersuchung ein.

Bei näherer Betrachtung erweist sich diese Diskrepanz als Konsequenz des unterschiedlichen Zeithorizontes in den beiden Konzepten. Als Bestandsgröße ist das Vermögen – insbesondere als makroökonomisches Aggregat – dadurch ausgezeichnet, daß die Mengenkomponente nur allmählichen Veränderungen durch Zu- und Abgänge unterliegt[93]. Während dies bei einer langfristigen Analyse beachtet werden muß, kann der Vermögensbestand kurzfristig als konstant angesehen und seine Bedeutung für die Ersparnis folglich außer Acht gelassen werden.

Umgekehrt verhält es sich mit der Preiskomponente: Gerade in relativ kurzen Fristen kann der Vermögenswert erheblichen preisbedingten Schwankungen unterliegen, was am Einfluß von Zinsänderungen auf den Kurswert festverzinslicher Wertpapiere besonders auffällig in Erscheinung tritt. Dies kann sich kurzfristig durchaus auf das Sparverhalten der privaten Haushalte auswirken[94]. Längerfristig kann hingegen davon ausgegangen werden, daß sich derartige Wertschwankungen weitgehend ausgleichen, so daß die Entwicklung des Vermögens durch die Veränderungen der Mengenkomponente dominiert wird. Infolgedessen erscheint es aus dieser Sicht durchaus gerechtfertigt, vorübergehenden Vermögenswertschwankungen keinen nennenswerten Einfluß auf den Verlauf der Sparquote beizumessen[95].

2.3.2 Die Permanente Einkommenshypothese

2.3.2.1 Grundzüge der Hypothese

In Friedman's „Permanenter Einkommenshypothese"[96] spielt das Vermögen eine besonders große Rolle, denn er faßt das Einkommen eines Haushalts

---

[92] M. Friedman (1957) S. 10.

[93] Zwei Einschränkungen sind zu machen:
- Dies gilt nicht, wenn eine Bestandsgröße neu aufgebaut wird, wie etwa das Geldvermögen nach einer Währungsreform.
- Weiterhin können unerwartet auftretende Änderungen der Rahmenbedingungen dynamische Wachstumsphasen herbeiführen. So begünstigt ein hohes Zinsniveau, beispielsweise durch vorübergehend restriktive Geldpolitik verursacht, vor allem besonders rentable Formen der Geldvermögensbildung. Typischerweise sind gerade bei derartigen Teilaggregaten bisweilen exorbitante Wachstumsraten zu beobachten, die durch Bestandsumschichtungen oder Konzentration des Zuwachses auf ein Segment eines größeren Gesamtmarktes hervorgerufen werden. Hier wird deutlich, wie stark die adäquate Abgrenzung der Aggregate das Bild bestimmt.

[94] Bei Keynes klingt dies – im Gegensatz zu seinen Epigonen – noch an.

[95] Insofern ist Streißler's kritische Bemerkung, daß Friedman die Vermögenswertschwankungen ignoriere, deren Bedeutung für das Sparverhalten bereits Keynes erkannt habe, nur die halbe Wahrheit. Vgl. E. Streißler (1978) S. 17.

konzeptionell als „Verzinsung“ von dessen gesamtem Vermögen auf[97]. Dabei legt Friedman einen außerordentlich breit definierten Vermögensbegriff zugrunde, der alle erdenklichen Einkommensquellen umfaßt[98], also neben dem Finanz- und Realvermögen einschließlich des Konsumkapitals auch das „Humankapital“ eines Haushalts – das heißt seine Kenntnisse und Fähigkeiten, die es ihm ermöglichen, Arbeitseinkommen zu erzielen[99] – beinhaltet.

Die zentrale Einkommenskategorie dieser Hypothese, das „permanente Einkommen“, ist als Erwartungsgröße konzipiert: Es handelt sich um jene Einkommenshöhe, die der Haushalt als im längerfristigen Durchschnitt „normal“ ansieht[100]. Die vom Haushalt unerwarteten, aus seiner Sicht zufälligen[101] Abweichungen des tatsächlichen Einkommens vom permanenten Wert werden als „transitorisches Einkommen“ bezeichnet. Ebenso weist der Konsum permanente und transitorische Bestandteile auf[102].

Eine kausale Beziehung besteht ausschließlich zwischen den permanenten Größen, wobei Friedman unterstellt, daß der permanente Konsum stets einen festen Anteil des Normaleinkommens eines Haushalts einnimmt. Dagegen ist die marginale Konsumneigung aus transitorischem Einkommen null. Dies bedeutet, daß eine zufällige Einkommenssteigerung den Konsum nicht berührt, sondern in voller Höhe gespart wird; umgekehrt geht ein unerwarteter Einkommensrückgang voll zu Lasten der Ersparnis[103].

---

96 „Permanent income hypothesis“. M. Friedman (1957) S. 25 f.

97 Vgl. G. Blümle (1985) S. 35.

98 Vgl. derselbe (1979) S. 129.

99 Das Humankapital verkörpert „the personal attributes of the earners in the unit, such as their training, ability, personality; the attributes of the economic activity of the earners, such as the occupation followed, the location of the economic activity, and so on.“ M. Friedman (1957) S. 23.

100 Vgl. H. König (1978) S. 514.
Der psychologische Aspekt dieser Einkommensdefinition wird besonders deutlich in der Zuspitzung, daß „permanent income is whatever the household thinks that it is“. T. Mayer (1972) S. 36.

101 Von einem anderen Standpunkt aus können diese sich beispielsweise als durchaus prognostizierbare konjunkturelle Einkommensschwankungen erweisen. Vgl. M. Friedman (1957) S. 22.

102 Vgl. ebenda S. 21 - 23.
Generell bleibt Friedman sehr vage in der Bestimmung dessen, was den permanenten und was den transitorischen Komponenten zuzurechnen ist: „... it seems neither necessary nor desirable to decide in advance the precise meaning to be attached to ‚permanent‘ ... The precise line to be drawn between permanent and transitory components is best left to be determined by the data themselves, to be whatever seems to correspond to consumer behaviour.“ M. Friedman (1957) S. 23.
In der längerfristigen Sicht gleichen negative und positive zeitweilige Einflüsse sich sowohl beim Einkommen, als auch beim Konsum aus. Vgl. M. Friedman (1957) S. 30.

103 Da das permanente Einkommen als Erwartungsgröße nicht unmittelbar beobachtet werden kann, ist eine Konkretisierung der Permanenten Einkommenshypothese notwendig, um sie empirisch operational zu machen. Friedman erreicht dies, indem er die Theorie durch die Einführung spezieller Annahmen über die stochastischen Eigen-

In der Permanenten Einkommenshypothese sind Konsum- und Sparquote also vom absoluten Einkommensniveau unabhängig; sie werden aber vom Zinssatz, dem relativen Gewicht von „property and nonproperty income, symbolized by the ratio of nonhuman wealth to income“[104], sowie den Präferenzen der Haushalte beeinflußt.

---

schaften der verwandten Variablen näher spezifiert: Er schließt jede Korrelation der transitorischen Konsum- und Einkommensbestandteile mit ihren zugehörigen permanenten Komponenten einerseits sowie zwischen den transitorischen Komponenten untereinander andererseits a priori aus. Vgl. M. Friedman (1957) S. 26.

Der ersten Festlegung ist insofern keine besondere Bedeutung beizumessen, als sie lediglich die definitorische Ausgangsposition der Permanenten Einkommenshypothese nochmals verdeutlicht: „... they have little substantive content and can almost be regarded as simply completing or translating the definitions of transitory and permanent components.“ M. Friedman (1957) S. 26 f.

Dagegen spielt die zweite Aussage inhaltlich eine zentrale Rolle und eröffnet die Möglichkeit, die These empirisch zu überprüfen. Vgl. M. Friedman (1957) S. 27.

Bei empirischen Untersuchungen der Permanenten Einkommenshypothese tritt jedoch das Problem auf, daß die Annahmen über die Wahrscheinlichkeitsverteilung der Einkommens- und Konsumkomponenten realistischerweise erst bei relativ großem Stichprobenumfang als erfüllt angesehen werden können, so daß diese Vorgehensweise allenfalls bei besonders langfristigen Zeitreihenuntersuchungen gerechtfertigt ist. Vgl. A.J. Karmann (1985) S. 27.

[104] M. Friedman (1957) S. 26.

Formal läßt die Permanente Einkommenshypothese sich in drei Gleichungen fassen:

$$Y_t = Y^{perm} + Y_t^{tr}$$
$$C_t = C^{perm} + C_t^{tr}$$
$$C^{perm} = k\,(i, w, u) \cdot Y^{perm}$$

wobei der Proportionalitätsfaktor „k“ durch den Zinssatz „i“, das Verhältnis des „nonhuman wealth“ zum permanenten Einkommen „w“ und die Präferenzen des Haushalts „u“ bestimmt wird. Vgl. M. Friedman (1957) S. 25 f.

Infolge unterschiedlicher Ausprägung der letzten beiden Determinanten bei verschiedenen Haushalten differieren ihre Konsumquoten voneinander. Die Konstanz des Proportionalitätsfaktors „k“ beim einzelnen Haushalt beruht letztlich auf der Annahme einer homothetischen Nutzenfunktion – vgl. G. Blümle (1985) S. 35 – oder, anders ausgedrückt, auf der Abwesenheit „reiner“ Gegenwartsvorliebe. Vgl. M. Friedman (1957) S. 12.

Da das permanente Einkommen als Funktion des Vermögens definiert ist, wird der permanente Konsum eines Haushalts letztlich von seinem Vermögen bestimmt:

$$C^{perm} = k\,(i, w, u) \cdot Y^{perm} = k\,(i, w, u) \cdot i \cdot W$$

Vgl. M. Friedman (1957) S. 17; derselbe (1963) S. 5 - 7.

Auf der gesamtwirtschaftlichen Ebene gelten die gleichen Zusammenhänge, wobei die Aggregation der einzelwirtschaftlichen Konsumfunktionen theoretisch auf der wirklichkeitsfremden Annahme basiert, daß die personelle Einkommensverteilung von „i“, „w“ und „u“ unabhängig ist. Vgl. M. Friedman (1957) S. 18 f.

2.3.2.2 Das Verhalten der Sparquote

2.3.2.2.1 Sparquote und Einkommensverteilung

Die Unterscheidung von permanenten und transitorischen Einkommensteilen ermöglicht eine neue Erklärung des Unterschieds zwischen empirischen Querschnitts- und kurzfristigen Zeitreihenuntersuchungen einerseits sowie langfristigen Zeitreihenuntersuchungen andererseits.

In der Querschnittsanalyse ist zu beachten, daß die Verteilung des aktuellen, statistisch ausgewiesenen Einkommens gegenüber der nicht offen erkennbaren Verteilung des permanenten Einkommens systematisch verzerrt ist: An der Spitze der Einkommenspyramide sind die Haushalte konzentriert, in deren Einkommen die positiven zeitweiligen Komponenten überrepräsentiert sind, während sich am Ende der Einkommenshierarchie jene Haushalte sammeln, deren Einkommen aufgrund ungünstiger Umstände besonders niedrig ausgefallen ist[105]. Treffen die Haushalte ihre Konsumentscheidungen gemäß der Dauereinkommenshypothese, verursacht diese systematische Verteilung des transitorischen Einkommens ein höheres Restsparen in den oberen, geringere Ersparnis oder Entsparen in den unteren Einkommensschichten. Auf diese Weise entsteht das für Budgetstudien charakteristische Bild einer mit steigendem Einkommen zunehmenden Sparquote.

Darüber hinaus sind auch berufsspezifische Unterschiede im Sparverhalten mit der Permanenten Einkommenshypothese vereinbar: Die höhere Sparquote der Selbständigen[106] gegenüber abhängig Erwerbstätigen kann damit erklärt werden, daß ihre Einkommen ausgeprägteren Schwankungen unterliegen, die transitorische Komponente also ein relativ großes Gewicht aufweist. Dieser stärkeren Einkommensunsicherheit wird von den betroffenen Haushalten durch erhöhtes Sparen begegnet[107].

Während zwischen der personellen Einkommensverteilung und der Sparquote kein unmittelbarer Zusammenhang besteht, wird eine Veränderung der funktionalen Verteilung etwa zu Lasten der Gewinneinkommen demnach die Ersparnis reduzieren. Wegen der engen Interdependenz von funktionaler und personeller Einkommensverteilung – das Normaleinkommen der Selbständi-

---

[105] Vgl. M. Friedman (1957) S. 34 - 37; G. Blümle (1985) S. 36; A.J. Karman (1985) S. 25 - 27.

[106] Daß Unternehmer bei vergleichbarer Streuung des transitorischen Einkommens eine noch höhere Sparquote als Landwirte aufweisen, führt Friedman zunächst darauf zurück, daß sie durch Investitionen ins eigene Unternehmen eine höhere Verzinsung erzielen können, was er noch um den Hinweis ergänzt, daß es möglicherweise dieselben Neigungen sind, die jemanden einerseits veranlassen, eine selbständige Berufstätigkeit zu ergreifen, und andererseits zu besonderen Sparleistungen motivieren. Vgl. M. Friedman (1957) S. 78.

[107] Vgl. ebenda S. 17, 69 u. 235.

gen liegt deutlich über dem Durchschnitt – werden sich beide Größen allerdings in der Regel simultan verändern.

2.3.2.2.2 Antizyklische Schwankungen der Sparquote

Auf ähnliche Weise wie bei der Querschnittsanalyse ist die kurzfristige makroökonomische Konsumfunktion mit der Permanenten Einkommenshypothese in Einklang zu bringen: Während in der Hochkonjunktur das tatsächliche Einkommen das permanente übertrifft, überwiegen in der Rezession die negativen zeitweiligen Einkommenskomponenten[108]. Wird die Ersparnis in Beziehung zum laufenden Einkommen gesetzt, erscheint infolgedessen die marginale Sparneigung im Konjunkturverlauf größer als die durchschnittliche; obgleich die Ersparnis stets einen konstanten Anteil des permanenten Einkommens einnimmt, wird statistisch eine antizyklisch schwankende Sparquote ausgewiesen.

2.3.2.2.3 Säkulare Konstanz der Sparquote

Auf Dauer gleichen sich positive und negative transitorische Einkommen auf einzel- und gesamtwirtschaftlicher Ebene weitgehend aus. Deshalb kommt eine Regression des beobachteten Einkommens dem Normaleinkommen desto näher, je länger der Zeithorizont der Untersuchung ist. Somit spiegelt aus der Sicht der permanenten Einkommenshypothese allein die mittels langfristiger Zeitreihenanalysen gewonnene Sparfunktion die Einkommensverwendungsentscheidungen der Haushalte zutreffend wider; die beiden anderen Funktionen erweisen sich dagegen als statistische Illusionen, die durch systematische Abweichungen des laufenden vom permanenten Einkommen hervorgerufen werden.

2.3.3 Die Lebenszyklushypothese

2.3.3.1 Die biographische Komponente des einzelwirtschaftlichen Sparverhaltens

Friedman legt sich weder bezüglich der Länge des Planungshorizontes der Haushalte[109], noch hinsichtlich der Abhängigkeit des Sparverhaltens von Anzahl und Alter der Familienmitglieder[110] fest. Dies brachte ihm den Vorwurf ein, die Konsumenten seines Modells seien unsterblich[111].

---

108 Vgl. G. Blümle (1979) S. 128; derselbe (1985) S. 36.

109 Vgl. J. Tobin (1968) S. 364.

Gerade dieser „biographischen Komponente“[112] der einzelwirtschaftlichen Spartätigkeit gilt das Augenmerk der „Lebenszyklushypothese“, die hier ergänzend neben der Permanenten Einkommenshypothese dargestellt werden soll, weil sie, ihrer „kühneren“[113] Annahmen wegen, einige Implikationen der Normaleinkommenshypothesen deutlicher hervortreten läßt.

Anhand zahlreicher vereinfachender Annahmen[114] – insbesondere werden sichere Erwartungen bezüglich des erreichbaren Lebensalters und des Einkommens sowie ein Zinssatz von Null unterstellt, der Empfang von Geschenken oder Erbschaften ebenso wie eine Hinterlassenschaft für die eigenen Erben dagegen ausgeschlossen – modellieren Modigliani/Brumberg das Sparverhalten eines „stationären“ Haushalts, dessen ökonomisch relevante Lebensspanne[115] sie in zwei Abschnitte untergliedern: In die Dauer der Erwerbstätigkeit, während der er ein alljährlich gleichbleibendes Einkommen erhält, und in die Zeit, die er im Ruhestand verbringt, ohne Einkünfte zu erzielen.

Verfolgt dieser Haushalt das Ziel, während seines gesamten Lebens ein ausgeglichenes Konsumniveau zu realisieren[116], muß er während seiner Erwerbstätigkeit Rücklagen bilden, deren Auflösung ihm im Alter die Aufrechterhaltung seines Lebensstandards ermöglicht. Unter den gemachten Annahmen wird der Haushalt sein Einkommen alljährlich in einer festen Relation für Konsum und Ersparnis verwenden; entsprechend steigt sein Vermögen mit zunehmendem Alter gleichmäßig an, bis es mit der Pensionierung ein Maximum erreicht, um schließlich kontinuierlich wieder abgebaut zu werden. Über sein ganzes Leben hinweg betrachtet, konsumiert der Haushalt dieser rudimentären Lebenszyklushypothese sein gesamtes Einkommen, spart per Saldo also nichts[117].

---

[110] Diesen Charakteristika eines Haushalts billigt er zwar ausdrücklich Bedeutung zu, erfaßt ihren Einfluß jedoch lediglich über die „portmanteau variable u“ – also den „Kleiderständer“, dem er alle erdenklichen, nicht im einzelnen spezifizierten Bestimmungsgrößen „anhängt“. Vgl. M. Friedman (1957) S. 26.

[111] Vgl. H.S. Houthakker (1958) S. 398.
Modigliani spricht deshalb süffisant von „Friedman's ‚permanent income-permanent life‘ model“. F. Modigliani (1975) S. 10 f.

[112] G. Blümle (1985) S. 43.

[113] „... by being bolder in its assumptions it is more specific in its conclusions.“ J. Tobin (1968) S. 365.

[114] Vgl. F. Modigliani / R. E. Brumberg (1955) S. 392 - 397; F. Modigliani (1975) S. 5.

[115] „The life span of economic significance in this context“ – F. Modigliani / R.E. Brumberg (1955) S. 390 – beginnt erst mit dem Eintritt ins Erwerbsleben.

[116] Diese Zielsetzung findet ihren formalen Ausdruck in der Prämisse einer homothetischen, d.h. bezüglich des Konsums in verschiedenen Perioden homogenen Nutzenfunktion (was mit Friedman's Annahme fehlender Zeitpräferenz korrespondiert). Vgl. F. Modigliani / R.E. Brumberg (1955) S. 395 f; F. Modigliani (1975) S. 5.

[117] Ist es bereits etwas überspitzt, dieses rein logische Ergebnis der Modellprämissen technisch als „over-life propensity to consume“ – F. Modigliani (1975) S. 9 – von eins

Die Sparquote, die dieser hypothetische Prototyp eines Konsumenten während seiner Erwerbstätigkeit einhält, wird ausschließlich davon bestimmt, in welchem zeitlichen Verhältnis Erwerbsdauer und Ruhestand zueinander stehen; von Alter, Einkommen und Vermögen ist sie dagegen offensichtlich unabhängig[118]. Im Prinzip gilt dasselbe für die Entsparphase im Ruhestand, für die jedoch eine „Entsparquote" in Analogie zur hier verwandten Sparquote nicht sinnvoll definiert werden kann, weil kein Einkommen erzielt wird, auf das sie sich beziehen könnte.

Vergleicht man den Vermögensbegriff der Lebenszyklushypothese mit jenem der Permanenten Einkommenshypothese, so fällt auf, daß der erste insofern enger abgegrenzt ist, als das Humankapital ausgeschlossen bleibt[119].

Selbstverständlich ließe sich auch Friedman's weit gefaßter Vermögensbegriff im Kontext einer Lebenszyklushypothese anwenden: In diesem Fall erschiene der Sparprozeß lediglich als Umwandlung von Humankapital in Geld- und Sachvermögen[120], deren Verhältnis sich mit zunehmendem Alter stetig zu Lasten des Humankapitals verändern würde[121], das schließlich mit dem Eintritt in den Ruhestand zur Neige ginge. Der Konsum – während des Erwerbslebens aus dem Verzehr des Humankapitals alimentiert, im Ruhestand durch sukzessive Auflösung des „nonhuman capital" finanziert – würde hingegen stets in vollem Umfang den Vermögensbestand mindern.

Dagegen schlagen sich bei einem auf Geld- und Sachkapital beschränkten Vermögensbegriff Spar- und Entsparvorgänge unmittelbar als Veränderungen des Vermögensbestandes nieder, der wiederum – abgesehen von Vermögenswertänderungen – nur dann nicht berührt wird, wenn das Einkommen in voller Höhe konsumiert wird. Diese engere Auslegung steht einer Spartheorie, die als Analyse der Einkommensverwendung verstanden wird, offensichtlich wesentlich näher.

---

zu bezeichnen, so erscheint die Interpretation als Übereinstimmung von „over-life marginal and average propensity to consume" – ebenda S. 9 – als geradezu sinnentleerte Verwendung des Begriffs der marginalen Konsumquote.

118 Folglich wird die individuelle Sparquote im Gleichgewicht auch von der Vermögens/Einkommens-Relation, die im Verlauf des Erwerbslebens Jahr für Jahr ansteigt, nicht berührt. Vgl. F. Modigliani / R.E. Brumberg (1955) S. 427.

119 Mit Friedman's Vermögensabgrenzung korrespondiert dagegen der Begriff der „resources" eines Haushalts, die definiert sind als „the sum of current and discounted future earnings over his lifetime and his current net worth." A.K. Ando / F. Modigliani (1963) S. 56.
Infolgedessen kann der Konsum in der Lebenszyklushypothese, analog zur Permanenten Einkommenshypothese, letztlich als Funktion dieser „resources" aufgefaßt werden. Vgl. A.K. Ando / F. Modigliani (1963) S. 56; F. Modigliani (1975) S. 5.

120 Vgl. M. Friedman (1963) S. 23.
Umgekehrt könnte „nonhuman capital" durch (selbstfinanzierte) Bildungsinvestitionen in „human capital" transformiert werden. Vgl. M. Friedman (1963) S. 23 f.

121 Vgl. ebenda S. 11 Fn. 9.

Im Grunde stellt die Lebenszyklushypothese nichts anderes dar als eine Anwendung von Fisher's Theorie der intertemporalen Nutzenmaximierung auf das denkbar einfachste zeitliche Einkommensmuster innerhalb eines konkret festgelegten Planungshorizontes. Die Annahme realistischerer Konsum- und Einkommensprofile – typischerweise etwa während der Berufstätigkeit allmählich steigende, im Alter schließlich wieder sinkende Einkünfte, begleitet von einer ersten Entspar- oder Verschuldungsphase in der Ausbildung und zu Beginn des Erwerbslebens sowie einer zweiten Entsparphase im Ruhestand, zwischen denen eine Zeit der Vermögensbildung liegt[122] – ändert jedoch prinzipiell nichts am in Frage stehenden Sachverhalt: Ein temporärer Auf- und Abbau von Vermögensbeständen würde lediglich in dem hypothetischen Grenzfall unterbleiben, daß die Einkommensentwicklung im zeitlichen Verlauf mit dem gewünschten Konsumprofil vollkommen übereinstimmt[123].

Die Berücksichtigung von Zinserträgen führt dazu, daß dieser Zusammenhang durch das bekannte Problem gegenläufiger Substitutions- und Einkommenseffekte überlagert wird. Eine Auflösung der übrigen restriktiven Prämissen[124], unter denen die beschriebene rudimentäre Lebenszyklushypothese entwickelt wurde, bewirkt, daß neben die Zielsetzung einer Verstetigung des Konsumstromes weitere Sparmotive wie die Risikovorsorge oder der Wunsch, Vermögen für seine Erben zu akkumulieren, treten.

Dem Anspruch gemäß, einen umfassenden Erklärungsansatz für das Konsum- und Sparverhalten zu entwerfen[125], wird in zahlreichen Weiterentwicklungen der Versuch unternommen, die Lebenszyklushypothese durch die Integration dieser Aspekte[126] schrittweise der Realität anzunähern. Derartige Modifikationen führen jedoch immer weiter fort vom eigentlich zentralen Punkt der Normaleinkommenshypothesen – nämlich der Vorstellung, daß das einzelwirtschaftliche Sparverhalten primär der Aufrechterhaltung eines

---

122 Einen derartigen Verlauf skizziert G. Blümle (1979) S. 130.

123 Vgl. F. Modigliani (1975) S. 5.

124 Modigliani / Brumberg bestreiten nicht, daß sie ihr Modell aus offensichtlich wirklichkeitsfremden Annahmen entwickeln. Sie argumentieren jedoch, daß die Aufgabe der Prämissen – mit Ausnahme derjenigen über die Konsumfunktion – ausschließlich die „Algebra" kompliziere, ohne die Ergebnisse zu berühren. Vgl. F. Modigliani / R.E. Brumberg (1955) S. 394.

125 Im Rückblick formuliert F. Modigliani (1975) S. 5: „... the challenge that Brumberg and I faced ... was that of building ... a unified model of consumption and saving behaviour capable of accounting for, and integrating, all the macro and micro evidence ...".

Obwohl sie glaubten, „we seem to be near the ultimate goal of a unified, and yet simple, theory of the consumption function" – F. Modigliani / R.E. Brumberg (1955) S. 430 –, bedauert Modigliani zwei Jahrzehnte später angesichts der noch offenen Fragen, selbst nur einen Lebenszyklus der Arbeit an seiner Hypothese widmen zu können. Vgl. F. Modigliani (1975) S. 33.

126 Modigliani / Brumberg vertreten die Ansicht, daß das Phänomen der Unsicherheit zwar für die Vermögensstruktur von Bedeutung sei, aber nichts an der Aussage

gleichmäßigen Verbrauchs diene –, ohne grundsätzlich neue Erkenntnisse zu erbringen, so daß die folgenden Ausführungen auf das dargestellte Standardmodell beschränkt bleiben sollen.

2.3.3.2 Gesamtwirtschaftliche Implikation: Die „Wachstumsratenhypothese"

Sieht man über ihre speziellen Aggregationsprobleme[127] hinweg, gelangt die Lebenszyklushypothese auf makroökonomischer Ebene grundsätzlich zu denselben Aussagen wie die Permanente Einkommenshypothese, vermag also in gleicher Weise den Anstieg der Sparquote bei zunehmendem Einkommen in der Querschnittsbetrachtung sowie ihre antizyklischen Schwankungen im Konjunkturverlauf mit ihrer langfristigen Stabilität in Einklang zu bringen[128]. Aus der engen Verwandtschaft beider Ansätze resultiert auch, daß Friedman's Terminologie – insbesondere die Unterscheidung permanenter und transitorischer Einkommens- und Konsumbestandteile – im Rahmen von Modigliani's Modell ebenfalls verwendbar ist[129].

Ein Spezifikum der Lebenszyklushypothese verdient jedoch besondere Beachtung: Im Gegensatz zu allen anderen makroökonomischen Konsumhypothesen, die das Niveau der Sparquote als letztlich von den Präferenzen der Haushalte bestimmt ansehen, ohne diese näher zu hinterfragen, und lediglich die Bestimmungsgründe von Veränderungen der Sparquote untersuchen, erlaubt sie, die Höhe der Sparquote numerisch genau zu bestimmen.

ändere, daß das Sparverhalten unabhängig von der Einkommenshöhe sei. Vgl. F. Modigliani / R.E. Brumberg (1955) S. 429.

Auf einige Autoren, die dieses Problem im Rahmen der Lebenszyklushypothese behandeln, verweisen F. Modigliani (1975) S. 6 f sowie H. König (1978) S. 522.

Darüber hinaus wird verschiedentlich das Vererbungsmotiv einbezogen oder der Einfluß eines durch Vermögenserträge, Investitionen in das Humankapital oder Variabilität des Pensionierungszeitpunktes veränderten Einkommensprofils untersucht. Siehe hierzu H. König (1978) S. 521 f; H.-J. Ramser (1978) S. 394 - 420.

[127] Die Aggregation der einzelwirtschaftlichen zur gesamtwirtschaftlichen Konsumfunktion ist formal nur unter äußerst restriktiven Bedingungen möglich. Zunächst werden die Verbrauchsfunktionen aller Haushalte innerhalb derselben Altersklasse zusammengefaßt, ehe in einem weiteren Schritt über alle Altersstufen hinweg aggregiert wird. Eine mögliche minimale Bedingungskonstellation besteht darin, daß
- die Proportionalitätsfaktoren der individuellen Konsumfunktionen, die darüber hinaus für alle Haushalte derselben Altersstufe identisch sein müssen,
- die Altersstruktur der Bevölkerung sowie
- die relative Verteilung des Einkommens, des erwarteten Einkommens und des Vermögens auf die verschiedenen Altersstufen

im Zeitablauf unverändert bleiben. Vgl. A.K. Ando / F. Modigliani (1963) S. 56 - 59.

[128] Diese Übereinstimmung kann nicht verwundern, da Änderungen im Altersaufbau der Bevölkerung ursächlich weder mit der Einkommensverteilung auf die Haushalte, noch mit dem Konjunkturphänomen zusammenhängen und sich darüber hinaus nur langsam vollziehen.

[129] Vgl. F. Modigliani (1975) S. 6.

Dient das individuelle Sparverhalten ausschließlich dem Zweck, den Konsum über die gesamte Lebensdauer hinweg zu verstetigen, so wird in einer hinsichtlich Bevölkerung und Pro-Kopf-Einkommen stationären Gesellschaft gesamtwirtschaftlich nicht gespart[130]: Die Vermögensbildung der Erwerbstätigen wird durch das Entsparen derjenigen, die sich bereits aus dem Erwerbsleben zurückgezogen haben, gerade ausgeglichen.

Eine positive Sparquote kann nur in einer wachsenden Wirtschaft auftreten[131]: Basiert der Sozialproduktsanstieg auf Bevölkerungsvermehrung, steigt permanent die Zahl derer an, die Vermögen für ihren Ruhestand akkumulieren; geht er auf technischen Fortschritt zurück, nehmen die Einkommen ständig zu[132]. In beiden Fällen ergibt sich, daß die Ersparnis der Erwerbstätigen jederzeit das Entsparen jener, die sich im Ruhestand befinden, überwiegt.

Stetige Entwicklungen dieser beiden Komponenten vorausgesetzt, determinieren die Steigerungsraten des Sozialproduktes das Niveau der Sparquote. Für diese Aussage wurde der Begriff der „Wachstumsratenhypothese“[133] geprägt.

Demgemäß wird die säkulare Konstanz der Sparquote erst durch einen längerfristig stabilen Wachstumspfad gewährleistet; langfristige Fluktuationen der Wachstumsraten von der Art der Kondratieff-Zyklen müßten sich hingegen in säkularen Schwankungen der Sparquote widerspiegeln.

Die einfache Kausalität zwischen gleichmäßigem Bevölkerungswachstum und der Sparquote wird erheblich kompliziert, sobald Diskontinuitäten in der demographischen Entwicklung auftreten, die unregelmäßige Veränderungen im Zahlenverhältnis von Berufstätigen und Rentnern hervorrufen. Werden außerdem realistische einzelwirtschaftliche Einkommensprofile und mit dem

[130] Vgl. ebenda S. 9; J. Tobin (1968) S. 365.

[131] Vgl. F. Modigliani (1975) S. 10 f; J. Tobin (1968) S. 365.
Umgekehrt fände in einer schrumpfenden Wirtschaft ein ständiger Vermögensverzehr statt.

[132] Implizit ist hier eine konstante Arbeitszeit unterstellt. Eine durch den Produktivitätsfortschritt ausgelöste Arbeitszeitverkürzung in Form einer geringeren Wochenarbeitszeit oder eines längeren Jahresurlaubs konterkariert dessen Wirkung auf das Sozialprodukt und somit auch auf die Sparquote. Wird sie jedoch durch eine Verringerung der Lebensarbeitszeit – sei es durch verlängerte Ausbildungsdauer oder ein Vorrücken des Pensionsalters – abgegolten, bleiben die Wachstumseffekte zwar ebenfalls aus, die Sparquote steigt aber wegen der Veränderung der Zeitrelation zwischen Erwerbsdauer und Ruhestand an. Übrigens wirkt eine Zunahme der Lebenserwartung ebenfalls auf eine höhere Sparquote hin.

[133] „Rate-of-growth Hypothesis“. M.J. Farrell (1959) S. 685.
An dieser Stelle ist daran zu erinnern, daß in realen Größen argumentiert wird. Veränderungen des Preisniveaus bewirken zwar, daß die nominale Wachstumsrate von der realen abweicht. Dies bleibt jedoch für das beschriebene Sparverhalten solange bedeutungslos, wie Nominal- und Realzins im gleichen Maße differieren: Die Inflations- (oder Deflations-) Komponente des nominalen Zinssatzes erhält den realen Wert des Vermögens aufrecht.

Lebensalter wechselnde Konsumgewohnheiten in Betracht gezogen, die charakteristische Sparzyklen – etwa mit verringerten Sparleistungen während der Kindererziehung – erzeugen, erlangen auch Verschiebungen in der Altersstruktur der Erwerbsbevölkerung Bedeutung für die Sparquote.

2.3.3.3 Zur Relevanz der Lebenszyklushypothese

Offensichtlich hängt der Erklärungswert der Lebenszyklushypothese für das Sparverhalten in einer Volkswirtschaft in hohem Maße von den konkret vorliegenden institutionellen Rahmenbedingungen ab, was auf das enge Substitutionsverhältnis zwischen staatlicher und privater Altersvorsorge zurückzuführen ist[134]. So plausibel ihre Argumentation für die Vereinigten Staaten, auf deren institutionelle Gegebenheiten sie zugeschnitten ist, sein mag, so fragwürdig erscheint die Gültigkeit der Lebenszyklushypothese für eine Gesellschaft mit umfassender Sozialversicherungspflicht wie diejenige der Bundesrepublik Deutschland.

Allerdings ist die Mitgliedschaft in der gesetzlichen Rentenversicherung nicht lückenlos obligatorisch. Infolgedessen kann die Lebenszyklushypothese sicherlich zur Erklärung der besonders hohen Sparquote der Selbständigen, die dieser Pflichtmitgliedschaft nicht unterliegen, beitragen.

Außerdem ist grundsätzlich niemand daran gehindert, über seine Rentenbeiträge hinaus noch eine private Altersvorsorge zu treffen. Dies kann besonders dann Bedeutung erlangen, wenn das Vertrauen in den „Generationenvertrag", etwa wegen einer ungünstigen demographischen Entwicklung, erschüttert ist.

2.3.4 Kritik der Normaleinkommenshypothesen

2.3.4.1 Grenzen rationalen Konsumentenverhaltens

Wird lediglich das Motiv der Konsumverstetigung betrachtet, erscheinen die Aussagen der Normaleinkommenshypothesen als Gebot rationalen Verbraucherverhaltens, das für jedes Einkommensniveau gilt[135]. Insofern ist eine

---

[134] Ein Problem tritt deshalb auf, weil die Sozialversicherungsbeiträge nicht als Teil des verfügbaren Einkommens der Haushalte angesehen und folglich auch nicht ihrer Ersparnis zugerechnet werden. Dies ist besonders bei einem internationalen Vergleich der Sparquote zu beachten.

[135] So gesehen erweist sich eine Unterscheidung von „Sparfähigkeit" – die als gegeben angesehen wird, sobald das Einkommen eines Haushalts das für die Erhaltung des kulturellen Existenzminimums notwendige Niveau überschreitet – und „Sparbereitschaft" als ungeeignet für die Analyse des Sparverhaltens.

Das biologische Existenzminimum stellt in einer hoch entwickelten Industriegesellschaft keinen adäquaten Maßstab für die Sparfähigkeit dar. Ein kulturelles Existenzmi-

Unabhängigkeit der Sparquote von der Einkommenshöhe prinzipiell durchaus einleuchtend zu begründen.

In dieser Hinsicht wird allerdings bemängelt, daß die Normaleinkommenshypothesen einen illusorischen Grad von Rationalverhalten der Konsumenten voraussetzten. Die Kritik konzentriert sich dabei insbesondere auf die zentrale Annahme, daß transitorisches Einkommen keinen Einfluß auf den Konsum habe: „Der glückliche Gewinner bei einem Pferderennen lädt seine Freunde nicht zu einem Umtrunk ein, und der Unglückliche, dessen Brieftasche gestohlen wurde, schiebt den Kauf eines neuen Mantels nicht auf“[136]. Erfahrungsgemäß sei stattdessen vielmehr davon auszugehen, „daß kleine positive ‚windfalls‘ konsumiert werden, große hingegen nicht“[137].

In diesem Zusammenhang ist aber der spezielle Konsumbegriff der Normaleinkommenshypothesen ganz besonders zu beachten: Ein „windfall“ kann zum Kauf langlebiger Konsumgüter verwandt werden[138] und so die Konsumausgaben erhöhen, ohne zwangsläufig den Konsum im Sinne des Versorgungskonzeptes nachhaltig steigern zu müssen.

2.3.4.2 Zweifel an der „Proportionalitätshypothese“

Entscheidender ist, daß die Stringenz der Argumentation von Friedman und Modigliani verloren geht, sobald andere Sparmotive als ausschließlich die Verstetigung des Konsums in die Analyse einbezogen werden. Besonders bei der Lebenszyklushypothese wird deutlich, daß dies unumgänglich ist, um die Determinanten einer Sparquote, die ständig ein Vielfaches der Wachstumsrate des Sozialproduktes beträgt, realistisch zu erfassen.

Wird etwa der Wunsch, einen dauerhaften Vermögensbestand zu bilden – sei es in der Absicht, ihn seinen Erben zu hinterlassen, sei es, weil dem

---

nimum wiederum ist nur im Hinblick auf einen gewohnten Konsumstandard sinnvoll zu interpretieren. Entsprechend handelt es sich bei der Sparfähigkeit eindeutig um eine keynesianische Kategorie.

Zur Problematik dieses Begriffs vgl. D. Fricke (1972) S. 21 - 33.

[136] „The man who has a lucky day at the races does not buy his friends a drink, and the poor fellow whose wallet is stolen does not postpone the purchase of a new overcoat.“ H.S. Houthakker (1958) S. 398; hier zitiert nach der Übersetzung von D. Fricke (1972) S. 46.

[137] E. Streißler (1978) S. 15.

Streißler setzt die ersteren mit Einkommen und die letzteren mit Vermögen gleich, wobei er selbst bekennt, die Trennungslinie sei „a priori durchaus unklar“. E. Streißler (1978) S. 15.

Ein „windfall“ wird von Friedman definiert als „an unanticipated favorable change in circumstances, which is to say, a change that promises additional receipts not previously allowed for by the consumer unit in his estimates of wealth.“ M. Friedman (1963) S. 6.

[138] Vgl. M. Friedman (1957) S. 28; J. Tobin (1968) S. 365.

Vermögen ein Eigennutzen in Form von Macht und Prestige[139] beigemessen wird –, berücksichtigt, ist eine Proportionalität von Ersparnis und Einkommen einzel- wie gesamtwirtschaftlich keineswegs mehr zwingend.

Insofern kann es sich als zweckmäßig erweisen, zwei Aspekte analytisch voneinander zu trennen: Einerseits läßt sich der Begriff der „Normaleinkommenshypothese" in einem engeren Sinne auf die Aussage beschränken, daß nicht das laufende, sondern das permanente Einkommen den Konsum bestimme; andererseits kann die Behauptung, daß der permanente Konsum einen festen Anteil des Normaleinkommens, völlig unabhängig von dessen Niveau, einnehme, als „Proportionalitätshypothese" interpretiert werden.

So wird in einer kritischen Interpretation der Konsumhypothesen von Friedman und Modigliani die Ansicht vertreten, daß die Proportionalitätshypothese ihnen lediglich als Arbeitshypothese diene, ohne integraler Bestandteil ihrer Theorien zu sein, denn „the evidence for the Normal Income Hypothesis is independent of the validity of the Proportionality Hypothesis"[140].

Tatsächlich konzediert Friedman selbst, daß „the assumption that the correlation between the transitory components of income and consumption is zero could, of course, be replaced by the less restrictive assumption that it is a positive number between zero and unity"[141]. Er verwirft diesen Gedanken jedoch umgehend, denn „this would greatly weaken the hypothesis"[142] – genauer gesagt: Dies würde eine substantielle Annäherung an keynesianische Positionen bedeuten. Außerdem ermöglicht gerade die Proportionalitätshypothese, die Evidenz einer kurzfristig antizyklisch schwankenden, langfristig jedoch konstanten Sparquote durch eine Konsumfunktion zu erklären[143].

Eine weitere derartige Annäherung an Auffassungen, die auch von keynesianisch orientierten Konsumtheoretikern vertreten werden, ist bei Friedman's Versuch festzustellen, seinen Einkommensbegriff so zu operationalisieren, daß er empirischen Untersuchungen zugänglich wird: Er unterstellt adaptive Erwartungsbildung der Haushalte, die ihre Vorstellungen über die Höhe ihres permanenten Einkommens aufgrund der tatsächlichen Einkommen der laufenden und der vergangenen Perioden gewinnen[144], wobei dem aktuellen Ein-

---

[139] Vgl. E.-M. Claassen (1980) S. 26 f.

[140] M.J. Farrell (1959) S. 681.

[141] M. Friedman (1957) S. 29.

[142] Ebenda S. 29.

[143] Die Annahme einer „Unterproportionalitätshypothese" würde hingegen zu einer neuen Variante der Stagnationshypothese führen.
Friedman merkt an, daß die säkulare Konstanz der Sparquote „is as much of a puzzle as substantial variations in it would be." M. Friedman (1957) S. 120.

[144] Vgl. M. Friedman (1957) S. 142 - 145.
Modelltheoretisch kommt dies einer Aufgabe der heroischen Prämisse vollkommener Information der Haushalte über all ihre zukünftigen Einkommensströme gleich. Darüber hinaus wird bei dieser Auffassung die bedeutsame Unterscheidung von „human" und „non-human wealth" aufgehoben. Vgl. H. Drost (1978) S. 352.

kommen das höchste und den früheren Einkommen sukzessive abnehmende Gewichte zugeordnet werden[145]. Gemäß dieser Version können kurzfristige Einkommensschwankungen den Konsum durchaus beeinflussen, soweit sie auf die längerfristigen Einkommenserwartungen durchschlagen[146].

Werden geometrisch verteilte Lags zugrunde gelegt[147], so offenbart ein Vergleich dieser operationalisierten Variante der Permanenten Einkommenshypothese mit der „Habit Persistence"-Hypothese, daß beide Funktionen formal vollkommen übereinstimmen[148].

2.3.4.3 Illusion vollkommener Kapitalmärkte

Schließlich richtet ein fundamentaler Einwand gegen die Normaleinkommenshypothesen sich gegen ihre implizite Annahme vollkommener Kapitalmärkte, die es den Haushalten ermöglichen, ihre Konsumpläne gegebenenfalls durch unbeschränkte Kreditaufnahme zu realisieren[149].

Tatsächlich ist aber von der Existenz quantitativer Kreditrestriktionen auszugehen, die häufig am aktuellen Einkommen orientiert sind. Derartige Unvollkommenheiten der Kapitalmärkte besonders hinsichtlich der Beleihung von Humankapital fallen vor allem bei den steil verlaufenden Einkommensprofilen sogenannter „Aufsteiger" zu Beginn des Erwerbslebens und solchen Haushalten ins Gewicht, deren Konsumplanung beispielsweise bereits auf

---

145 „... it seems appropriate to use a weighting pattern that gives most weight to current income and successively declining weights to earlier incomes." M. Friedman (1957) S. 143.

146 Die Erscheinung, daß Einkommensschwankungen – also transitorische Einkommensteile – sich auf das erwartete Normaleinkommen auswirken, dessen Veränderung aber schwächer ausfällt, ist als „Friedman-Effect" – M.J. Farrell (1959) S. 688 – in die Literatur eingegangen. Vgl. M. Streißler (1974) S. 131; G. Blümle (1979) S. 129.

147 In diesem Fall ergibt sich

$$Y_t^{perm} = a\,(Y_t + b \cdot Y_{t-1} + b^2 \cdot Y_{t-2} + b^3 \cdot Y_{t-3} + \ldots) \text{ mit } 0 \leq b \leq 1 \,.$$

Je größer der Wert des Anpassungsparameters „*b*" ist, desto stärker ist der Einfluß vergangener Einkommen auf die Einkommenserwartung. Vgl. G. Blümle (1979) S. 129; siehe auch M. Friedman (1957) S. 144; A.J. Karmann (1985) S. 28 f.

148 Darauf macht bereits L.R. Klein (1958b) S. 540 f aufmerksam. Vgl. auch H. König (1978) S. 519; E. Streißler (1978) S. 13.

Im Hinblick auf Friedman's zusätzliche Einschränkung, kein Absolutglied zu berücksichtigen, wodurch von vornherein eine Unterscheidung von marginaler und durchschnittlicher Sparquote in säkularer Sicht ausgeschlossen wird, könnte dessen Vorschlag sogar als Unterfall der Brown'schen Hypothese eingeordnet werden. Die Anwendung anderer Lagstrukturen in neueren Untersuchungen, auf die A.J. Karmann (1985) S. 29, Fn. 43 hinweist, markiert den Versuch, diese Problematik zu umgehen.

Es muß aber betont werden, daß diese Ausführungen sich lediglich auf ein spezielles Schätzverfahren für das permanente Einkommen beziehen, auf das theoretische Konzept jedoch nicht anwendbar sind: „... it is really not so much a definition of permanent income as a fairly crude estimation scheme." T. Mayer (1972) S. 37.

149 Vgl. J. Tobin (1968) S. 365.

eine zukünftig erwartete Erbschaft ausgerichtet ist[150]. Ein solchermaßen „liquiditätsrestringierte(r) Konsument“[151] wird, selbst wenn er sein gesamtes laufendes Einkommen ausgibt und die erhältlichen Kreditlinien voll ausschöpft, unter Umständen nicht alle Konsumwünsche verwirklichen können, deren Erfüllung er sich bei einem längeren Zeithorizont eigentlich durchaus leisten könnte.

In dem Maße, in dem ineffiziente Kapitalmärkte eine engere Anbindung des Konsumpfades an die tatsächliche Einkommensentwicklung verursachen, wird die Konsumfunktion zunehmend „keynesianischer“. Letztlich hängt die Unabhängigkeit des Verbrauchs vom Zeitprofil des Einkommensverlaufs entscheidend vom Entwicklungsstand des finanziellen Sektors einer Volkswirtschaft ab[152].

150 Vgl. H. König (1978) S. 522.
151 H.-J. Ramser (1978) S. 408.
152 Vgl. G. Blümle (1985) S. 46 f.

3. Die Entwicklung der Sparquote in der Bundesrepublik Deutschland

3.1 Die Sparquote der privaten Haushalte

3.1.1 Ermittlung der Sparquote der privaten Haushalte

Für eine empirische Untersuchung der Determinanten der Sparquote ist es zunächst notwendig, kurz auf die methodischen Grundlagen einzugehen, nach denen diese Größe in der Bundesrepublik Deutschland berechnet wird; denn die Besonderheiten der statistischen Datenbasis und ihrer Aufbereitung, die die spezifischen wirtschaftlichen Strukturen und institutionellen Gegebenheiten der Bundesrepublik widerspiegeln, schlagen sich in Niveau und Entwicklung der ausgewiesenen Sparquote nieder.

Die Sparquote der privaten Haushalte wird sowohl im Rahmen der vom Statistischen Bundesamt erstellten Volkswirtschaftlichen Gesamtrechnung, als auch in der Gesamtwirtschaftlichen Finanzierungsrechnung der Deutschen Bundesbank, die eng mit der Volkswirtschaftlichen Gesamtrechnung verknüpft ist und jene um eine detaillierte Beschreibung der finanziellen Transaktionen ergänzt, veröffentlicht.

In diesen Rechnungssystemen werden die inländischen Wirtschaftseinheiten nach der Art ihres ökonomischen Verhaltens in die nichtfinanziellen Sektoren der privaten Haushalte, der Unternehmen und der öffentlichen Haushalte sowie in die finanziellen Sektoren der Banken, Bausparkassen und Versicherungen gruppiert.

Der Sektor „Private Haushalte" umfaßt jene Wirtschaftseinheiten, „die als Endverbraucher und Anleger von Ersparnissen auftreten und die Mittel hierfür hauptsächlich aus Entgelten für ihre Arbeitskraft sowie aus Einkommensübertragungen beziehen"[1]. Darunter fallen aber auch die sogenannten „Orga-

---

[1] Deutsche Bundesbank (1988) S. 133.
Dagegen sind die (nichtfinanziellen) Unternehmen dadurch gekennzeichnet, daß sie „Waren und marktbestimmte nichtfinanzielle Dienstleistungen produzieren und diese gegen – grundsätzlich kostendeckendes – Entgelt anbieten." Unter diesen Sektor werden auch die öffentlichen Unternehmen, insbesondere Bundesbahn und Bundespost sowie die kommunalen Versorgungs- und Verkehrsunternehmen, subsummiert.
Die öffentlichen Haushalte – Gebietskörperschaften und Sozialversicherungen – erbringen „nicht marktbestimmte Dienstleistungen für die Allgemeinheit ..., wobei sie sich hauptsächlich aus Zwangsabgaben finanzieren, (und nehmen) Transaktionen zur

nisationen ohne Erwerbscharakter" wie etwa Kirchen, Parteien, Gewerkschaften und Vereine[2].

Die Sparquote dieser privaten Haushalte bringt das Verhältnis zweier Aggregate zum Ausdruck, deren Abgrenzung nunmehr näher zu untersuchen ist: Ihre Ersparnis einerseits sowie ihr verfügbares Einkommen andererseits.

Das verfügbare Einkommen der privaten Haushalte stellt den Einkommensbetrag dar, der ihnen nach der Verteilung der Erwerbs- und Vermögenseinkommen und nach der Umverteilung über empfangene und geleistete laufende Übertragungen zur freien Disposition verbleibt[3]. Es handelt sich also um jene Größe, für die tatsächlich die alternativen Verwendungsmöglichkeiten des Verbrauchs und des Sparens zur Auswahl stehen. Sie wird folgendermaßen errechnet[4]:

	Bruttolöhne und -gehälter
+	entnommene Gewinne und Vermögenseinkommen
=	empfangene Erwerbs- und Vermögenseinkommen
+	empfangene laufende Übertragungen (Renten, Pensionen, Arbeitslosengeld, Sozialhilfe u. ä.)
–	geleistete laufende Übertragungen (direkte Steuern, Sozialbeiträge, Zinsen auf Konsumentenschulden)
=	verfügbares Einkommen

Die Ersparnis der privaten Haushalte wird von ihren finanziellen Transaktionen her ermittelt[5]:

	Geldvermögensbildung
–	Kreditaufnahme
=	Nettogeldvermögensbildung
+	geleistete Vermögensübertragungen (im wesentlichen Anlage von Eigenmitteln in der Wohnungswirtschaft)
–	empfangene Vermögensübertragungen (hauptsächlich staatliche Wohnungsbau- und Sparprämien sowie Arbeitnehmersparzulagen)
=	Ersparnis

Umverteilung des Volkseinkommens und -vermögens" vor. Deutsche Bundesbank (1988) S. 133 f.

[2] Vgl. ebenda S. 133.

[3] Vgl. D. Brümmerhoff (1975) S. 104.

[4] Vgl. H. Lützel (1987) S. 119; derselbe (1985) S. 442.

[5] Vgl. Deutsche Bundesbank (1988) S. 135 f.

Die Haushalte leisten stets größere Vermögensübertragungen, als sie selbst erhalten. Infolgedessen ist ihre Ersparnis größer als ihre Nettogeldvermögensbildung. Sieht man von dieser Problematik ab, so wird deutlich, daß es sich bei der Ersparnis um eine konsolidierte Größe handelt, die sich als Saldo aus dem neu gebildeten Geldvermögen und der Kreditaufnahme der Haushalte ergibt.

Dies bedeutet, daß die statistisch ausgewiesene Ersparnis eine Netto-Größe darstellt, die für eine differenzierte Analyse des Sparverhaltens in die entsprechenden Brutto-Größen disaggregiert werden kann: Einerseits in die Aufnahme von Konsumentenkrediten und andererseits in die – überwiegend von anderen Haushalten gebildete – Brutto-Ersparnis, die man erhält, indem die Kreditaufnahme der Netto-Ersparnis hinzugerechnet wird[6].

Schließlich können diese beiden Aggregate in Relation zum verfügbaren Einkommen der privaten Haushalte gesetzt und auf diese Weise – analog zur Sparquote – eine Verschuldungsquote und eine Brutto-Sparquote konstruiert werden. Die Untersuchung von deren Entwicklung gibt zusätzliche Aufschlüsse über die Determinanten der Sparquote.

Das in der Bundesrepublik angewandte Verfahren, die Ersparnis vom Geldvermögen ausgehend zu berechnen, steht im Gegensatz zur Vorgehensweise in den Vereinigten Staaten, wo die Ersparnis der Haushalte residual als Differenz zwischen ihrem verfügbaren Einkommen und ihren Konsumausgaben ermittelt wird[7]. Jene Methode birgt aber den gravierenden Nachteil, daß alle statistischen Unschärfen sich in der Ersparnis niederschlagen, während sie anderenfalls in das Einkommen eingehen. Derartige Diskrepanzen verzerren eine vergleichsweise schmale Größe wie die Ersparnis stärker als das wesentlich breitere Einkommensaggregat. So hat dieser methodische Unterschied zur Konsequenz, daß die Sparquote in der Bundesrepublik wesentlich präziser als in den USA erfaßt wird.

3.1.2 Probleme der Sektorenabgrenzung

3.1.2.1 Unternehmen ohne eigene Rechtspersönlichkeit

Problematisch bei der Ermittlung von Einkommen und Ersparnis der privaten Haushalte ist insbesondere die „Zwitterstellung"[8] von Selbständigen und

[6] Genau betrachtet, handelt es sich sowohl bei der Brutto-Ersparnis, als auch bei der Kreditaufnahme ebenfalls um konsolidierte Größen: Die Brutto-Ersparnis resultiert ebenso aus individuellen Anspar- und Entsparprozessen, wie die Kreditaufnahme sich aus der Aufnahme neuer Kredite abzüglich der Tilgung alter Kredite ergibt. Insofern können beide Größen prinzipiell auch negative Werte annahmen, was bislang aber nicht vorgekommen ist.
Abgesehen davon, werden auch die direkten Finanzbeziehungen der Haushalte untereinander – wie etwa Verwandtendarlehen – statistisch nicht erfaßt.

[7] Vgl. Deutsche Bundesbank (1984a) S. 33.

privaten Bauherren, die einerseits als Konsumenten und Sparer den Haushalten zuzurechnen sind, andererseits zugleich als Produzenten und Investoren dem Unternehmenssektor angehören.

Bei den Selbständigen – zu denen etwa die Eigentümer von Einzelunternehmen, Offenen Handelsgesellschaften und Kommanditgesellschaften, Landwirte sowie die Angehörigen der Freien Berufe zählen – wird diese Schwierigkeit dahingehend gelöst, daß der statistische Sektorenschnitt quer durch die betreffenden Wirtschaftseinheiten gelegt wird[9]: In das verfügbare Einkommen der privaten Haushalte gehen lediglich diejenigen Beträge ein, die von den Inhabern der Unternehmen ohne eigene Rechtspersönlichkeit für ihre private Ersparnis und ihren Verbrauch entnommen werden; hingegen werden die nicht ausgeschütteten Gewinne als Ersparnis dieser Unternehmen angesehen, wie auch alle sonstigen in die Geschäftssphäre fallenden Vorgänge – insbesondere die Investitionsfinanzierung – im Unternehmenssektor nachgewiesen werden.

Diese Vorgehensweise ist im internationalen Vergleich keineswegs üblich. So ist beispielsweise in den Volkswirtschaftlichen Gesamtrechnungen der Vereinigten Staaten, Großbritanniens und Frankreichs eine rein institutionelle Sektorengliederung verwirklicht[10]: Als Unternehmen werden nur die Kapitalgesellschaften berücksichtigt, während die Personengesellschaften mit sämtlichen Geschäftsvorgängen dem Haushaltssektor zugeschlagen werden.

Die Anwendung eines abweichenden Verfahrens in der Bundesrepublik ist darin begründet, daß hier die Unternehmen, die nicht als Kapitalgesellschaften geführt werden, ein relativ großes Gewicht haben. Infolgedessen würde die Aussagekraft der volkswirtschaftlichen Rechnungssysteme in besonders hohem Maße getrübt, wenn im Sektor der privaten Haushalte die finanziellen Vorgänge, die typisches Konsumentenverhalten widerspiegeln, mit jenen vermengt würden, die auf Unternehmerdispositionen basieren. Insofern ist eine klare analytische Trennung in diesem Punkt besonders wichtig, die dadurch erreicht wird, daß die institutionelle Sektorenabgrenzung zwischen Haushalten und Unternehmen durch funktionale Kriterien ergänzt wird.

Ein derartig differenzierendes Vorgehen führt prinzipiell dazu, daß die Sparquote der privaten Haushalte niedriger ausgewiesen wird, als es der Fall wäre, wenn die einbehaltenen Gewinne der Personengesellschaften in vollem Umfang dem verfügbaren Einkommen sowie der Ersparnis ihrer Eigentümer zugerechnet würden.

Dies gilt jedoch nur, solange in diesen Unternehmen ein positiver Betrag nicht ausgeschütteter Gewinne vorliegt. Ein negativer Ausweis dieser Größe

[8] Deutsche Bundesbank (1988) S. 132.

[9] Vgl. ebenda S. 132.

[10] Vgl. Deutsche Bundesbank (1984a) S. 32; dieselbe (1988) S. 133 Fn. 3.

zeigt dagegen an, daß ihnen durch Privatentnahme mehr Mittel entzogen, als Gewinne erzielt werden. Das bedeutet, daß die Ersparnis der Selbständigen zu Lasten der Vermögenssubstanz ihrer Unternehmen geht. Unter diesen Bedingungen würde die volle Erfassung der Unternehmen ohne eigene Rechtspersönlichkeit im Haushaltssektor dazu führen, daß ihr Entsparen mit der privaten Ersparnis ihrer Eigentümer konsolidiert und dadurch eine gegenüber dem praktizierten Verfahren reduzierte Sparquote der privaten Haushalte ausgewiesen würde[11].

3.1.2.2 Wohnungsbauinvestitionen privater Haushalte

Ein ähnliches Abgrenzungsproblem liegt vor, wenn private Haushalte sich als Bauherren betätigen: Hier wird unterstellt, daß sie als Unternehmer Wohnungen „für den Markt“[12] produzieren.

Da nach den Konventionen der Volkswirtschaftlichen Gesamtrechnung keinerlei Realvermögensbildung durch die privaten Haushalte erfolgt, werden die von ihnen für den Wohnungsbau bereitgestellten Mittel als fiktive Vermögensübertragungen an den Sektor „Wohnungswirtschaft“[13] angesehen. Soweit

---

[11] Vgl. H.-H. Francke / D. Friedrich (1985) S. 15 f.

[12] Deutsche Bundesbank (1988) S. 134.

Im Fall von Eigenheimen und Eigentumswohnungen wird angenommen, daß die Bauherren „gleichzeitig als Verbraucher ‚Wohnungsnutzung‘ nachfragen“. Deutsche Bundesbank (1988) S. 134.

Abweichend vom in der Volkswirtschaftlichen Gesamtrechnung sonst üblichen Vorgehen in der Behandlung langlebiger Konsumgüter wird im Bereich der Wohnungswirtschaft also nicht das Ausgaben-, sondern das Versorgungskonzept zugrunde gelegt.

Diese offensichtliche Inkonsistenz in der Behandlung langlebiger Konsumgüter wird heftig kritisiert. So nennt Streißler es „völlig absurd, daß wir den Kauf von dauerhaften Konsumgütern in den Konsum einschließen, den Hauskauf oder Aufwendungen für den Hausbau, also für ein nur wenig dauerhafteres Konsumgut, jedoch als Sparen ausschließen. Ist nicht beides gleichermaßen Bildung von Konsumkapital?“ Er fordert stattdessen die konsequente Anwendung des Ausgabenkonzeptes auch auf die „Aufwendungen zur Erhöhung des konsumtiven Hauskapitals“. E. Streißler (1978) S. 10.

Während diese Lösung problemlos durchführbar erscheint, führt die andere Alternative einer völligen Abkehr vom Marktentnahmekonzept zu weitreichenden Komplikationen: Würde die Beschränkung der Vermögensbildung der privaten Haushalte auf Geldvermögen aufgegeben, indem die Anschaffung dauerhafter Konsumgüter nach Maßgabe des Versorgungskonzeptes durchgängig als Investition in Konsumkapital betrachtet würde, dann wäre es nur konsequent, den Vermögensbegriff über Geld- und Sachkapital hinaus umfassend zu interpretieren und folglich auch Bildungsausgaben als Investition in Humankapital zu behandeln. Vgl. J. Tobin (1968) S. 358; siehe auch G. Blümle (1985) S. 29.

[13] Diesem Teil des Unternehmenssektors, der rein funktional abgegrenzt ist, werden „alle finanziellen Dispositionen, die sowohl neuerstellte Objekte als auch den Altbestand an Wohnungen betreffen“, zugerechnet. Deutsche Bundesbank (1988) S. 134.

Wie bei den Personengesellschaften weicht die Volkswirtschaftliche Gesamtrechnung der Bundesrepublik auch hier vom international üblichen Verfahren ab: Im Ausland werden in der Regel alle mit dem Bau oder Kauf von selbstgenutzten Wohnungen und diese Beträge sich statistisch erfassen lassen, gehen sie in die Ersparnis der privaten Haushalte ein. Dies ist jedoch nur bei der Auszahlung von Bausparguthaben sowie der Tilgung von Bauspardarlehen der Fall[14].

Anders verhält es sich bei jenem Teil der Wohnungsbaufinanzierung durch die Haushalte, der nicht über die Bausparkassen abgewickelt wird[15]: Ihre aus dem laufenden Einkommen stammenden oder durch Auflösung anderer Vermögensteile bereitgestellten Eigenmittel, die für den Wohnungserwerb oder die Tilgung von Hypothekarkrediten verwendet werden, bleiben mangels hinreichender Informationen bei der Ersparnis unberücksichtigt[16]. Im entsprechenden Umfang wird die Sparquote der privaten Haushalte zu niedrig ausgewiesen[17].

3.1.2.3 Anwartschaften von Arbeitnehmern im Rahmen der betrieblichen Alterssicherung

Während die Probleme, die Selbständige und private Bauherren für eine klare Sektorenabgrenzung zwischen Haushalten und Unternehmen hervorrufen, in Volkswirtschaftlicher Gesamtrechnung und Gesamtwirtschaftlicher Finanzierungsrechnung einheitlich gelöst werden, unterscheiden sich beide Rechnungssysteme in der Einordnung der Anwartschaften von Arbeitnehmern im Rahmen der betrieblichen Altersversorgung[18].

Die Bundesbank betrachtet einen Zuwachs dieser Ansprüche der Arbeitnehmer als Teil ihres Einkommens, das für die Alterssicherung gespart wird. Dagegen behandelt das Statistische Bundesamt die betrieblichen Pensionsrückstellungen, die den Haushalten nicht unmittelbar zur Disposition stehen, als Vermögensübertragung der Unternehmen an die Haushalte, die weder deren verfügbares Einkommen, noch ihre Ersparnis berührt. Aus diesem Grunde wird in der Volkswirtschaftlichen Gesamtrechnung stets eine geringere Sparquote der privaten Haushalte als in der Gesamtwirtschaftlichen Finanzierungsrechnung ausgewiesen.

Eigenheimen zusammenhängenden Finanzierungsvorgänge im Sektor der privaten Haushalte erfaßt. Vgl. Deutsche Bundesbank (1984a) S. 31.

14 Vgl. Deutsche Bundesbank (1988) S. 136.

15 Vgl. ebenda S. 135 f.

16 Und werden demgemäß dem Verbrauch zugerechnet. Insofern wird auch bei der Wohnungswirtschaft das Versorgungskonzept durch das Ausgabenkonzept durchbrochen.

17 Die Bundesbank vertritt jedoch die Ansicht, daß auch bei Einbeziehung dieser Mittel „sich für die Bundesrepublik vermutlich keine von der gegenwärtigen Größenordnung abweichenden Zahlen für die Sparquote der privaten Haushalte" ergäben. Deutsche Bundesbank (1984a) S. 32.
Diese Auffassung wird gestützt durch eine Schätzung von N. Bub (1985) S. 69 u. 88.

18 Vgl. Deutsche Bundesbank (1988) S. 135; H.-H. Francke / D. Friedrich (1985) S. 14.

Somit schlagen sich die drei Säulen, auf denen das System der Alterssicherung in der Bundesrepublik beruht, in unterschiedlicher Weise in der Sparquote der privaten Haushalte nieder:

- Die rein private Altersvorsorge durch individuelle Geldvermögensbildung, beispielsweise in Form einer Kapitallebensversicherung, wird sowohl in der Gesamtwirtschaftlichen Finanzierungsrechnung, als auch in der Volkswirtschaftlichen Gesamtrechnung erfaßt,
- die betriebliche Altersversorgung wird lediglich von der Bundesbank, nicht aber vom Statistischen Bundesamt berücksichtigt,
- die Anwartschaften aus der gesetzlichen Rentenversicherung schließlich bleiben stets außer Betracht.

3.1.3 Verlauf der unterschiedlich konzipierten Sparquoten

Ein Vergleich der Entwicklung der Sparquote der privaten Haushalte in der Abgrenzung der Volkswirtschaftlichen Gesamtrechnung einerseits sowie in derjenigen der Gesamtwirtschaftlichen Finanzierungsrechnung andererseits zeigt, daß beide Größen völlig synchron verlaufen; lediglich liegen die vom Statistischen Bundesamt ausgewiesenen Werte wegen der unterschiedlichen Zuordnung der Betriebsrenten durchgehend unter denen der Deutschen Bundesbank (Tab. 1, Abb. 1). Angesichts dieser Parallelität kann die folgende Analyse des Sparverhaltens problemlos auf die vom Statistischen Bundesamt ermittelte Sparquote, die mit den anderen Daten der Volkswirtschaftlichen Gesamtrechnung besser kompatibel ist, beschränkt bleiben.

Bei der Untersuchung der Determinanten ihrer Entwicklung wird nicht versucht, eine der dargestellten Hypothesen mit dem Anspruch ausschließlicher Gültigkeit gezielt zu erhärten oder eine andere zu widerlegen[19]. Vielmehr soll von jeder Hypothese der spezifische Beitrag, den sie für die Erklärung des tatsächlichen Verlaufs der Sparquote – möglicherweise nur während eines beschränkten Zeitraumes – zu leisten vermag, herangezogen werden[20].

---

[19] Dies ist vielfach geschehen mit widersprüchlichen Ergebnissen, was teilweise darauf zurückzuführen ist, daß bei relativ kontinuierlich steigenden Einkommen empirisch nur schwer zwischen den Ansätzen von Duesenberry, Brown, Friedman und Modigliani unterschieden werden kann.

[20] Insofern erübrigt es sich auch, der Frage nachzugehen, ob etwa die Absolute Einkommenshypothese als Spezialfall der Permanenten Einkommenshypothese oder stattdessen Friedman's Ansatz als Spielart von Brown's „Habit Persistence"-Hypothese – die wiederum sowohl als Variante der einen, als auch der anderen Theorie interpretiert wird – einzuordnen sei. Vgl. zur ersten Anschauung A.J. Karmann (1985) S. 28, zur zweiten H. König (1978) S. 519 und zur dritten R. Richter / U. Schlieper / W. Friedmann (1981) S. 228 - 232.

Tab. 1: Die Sparquote der privaten Haushalte

- in % -

	Statistisches Bundesamt	Deutsche Bundesbank
1950	3,2	4,3
1951	3,1	4,1
1952	5,7	6,7
1953	6,8	7,7
1954	7,4	8,3
1955	6,6	7,5
1956	5,6	6,7
1957	8,0	8,9
1958	8,7	9,2
1959	8,8	9,5
1960	8,6	9,2
1961	9,1	9,9
1962	8,6	9,5
1963	9,9	10,7
1964	11,3	11,8
1965	12,2	12,9
1966	11,6	12,3
1967	11,2	11,8
1968	12,5	13,1
1969	13,3	13,8
1970	13,8	14,7
1971	13,5	14,4
1972	14,4	15,3
1973	13,9	14,7
1974	14,6	15,7
1975	15,1	16,2
1976	13,3	14,5
1977	12,2	13,2
1978	12,0	13,2
1979	12,6	13,8
1980	12,7	14,0
1981	13,5	14,8
1982	12,7	13,8
1983	10,8	12,2
1984	11,4	12,8
1985	11,4	12,7
1986	12,2	13,5
1987	12,3	13,4
1988	12,6	13,6

Angaben für 1950 bis 1959 ohne Saarland und West-Berlin.

Der geringfügige Rückgang der Sparquote im Jahre 1960 ist auf die Einbeziehung des Saarlandes und von West-Berlin in die volkswirtschaftlichen Rechnungssysteme der Bundesrepublik Deutschland zurückzuführen: Ohne Berücksichtigung dieser Gebiete liegt die Sparquote in der Abgrenzung des Statistischen Bundesamtes mit 8,9 % um 0,3 Prozentpunkte über dem ausgewiesenen Wert und somit um 0,1 Prozentpunkte höher als der Wert des Vorjahres.

Quellen: Deutsches Institut für Wirtschaftsforschung (1989); Statistisches Bundesamt (1985a) S. 114; Deutsche Bundesbank (1989) S. 19; dieselbe (1988) S. 30-32; dieselbe (1983) S. 7.

Abb. 1: **Die Sparquote der privaten Haushalte**

- in % -

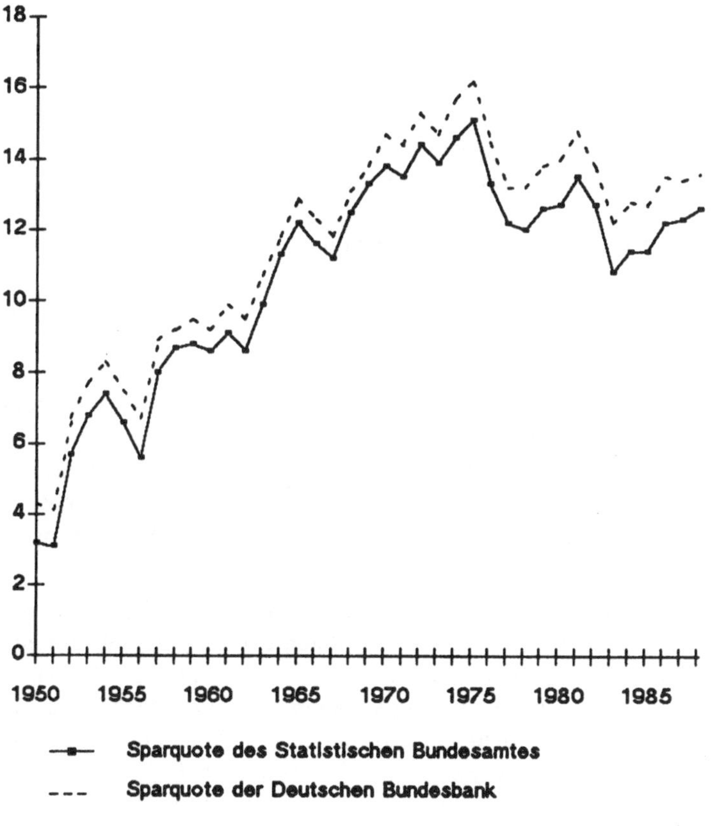

Quelle: Tab. 1, S. 54.

Dabei ist besonders darauf zu achten, ob die Prämissen dieser Hypothesen mit den in der Bundesrepublik Deutschland vorliegenden institutionellen Rahmenbedingungen vereinbar sind. Betrachtet man etwa die heroischen Prämissen der Lebenszyklushypothese, so wird deutlich, daß es nicht immer ratsam ist, die durchweg im angelsächsischen Sprachraum entwickelten Ansätze völlig unkritisch zu übertragen.

Darüber hinaus ist bei einer realitätsbezogenen Analyse des Sparverhaltens klärungsbedürftig, inwiefern über die in den Hypothesen ausgewiesenen Determinanten hinaus weitere Faktoren, die stillschweigend in den Datenkranz der Modelle verwiesen werden, in die Entwicklung der Sparquote eingreifen. Dazu zählen etwa Variationen des Preisniveaus, finanzpolitisch bedingte Sprünge des verfügbaren Einkommens oder diskretionäre Änderungen der staatlichen Sparförderung.

3.2 Die Bestimmungsgründe der Sparquote

3.2.1 Das verfügbare Einkommen

3.2.1.1 Die säkulare Einkommensentwicklung als Determinante der Sparquote

3.2.1.1.1 Vorbemerkungen zum adäquaten Einkommensbegriff

3.2.1.1.1.1 Das nominal verfügbare Einkommen der privaten Haushalte

Im Vordergrund aller Erklärungsversuche des Sparverhaltens der privaten Haushalte steht der dominierende Einfluß der Einkommensentwicklung. Abgesehen davon, daß den einzelnen Hypothesen ganz unterschiedliche Einkommenskonzepte zugrunde liegen, ist im Rahmen einer empirischen Untersuchung zunächst zu klären, wie aus den verfügbaren statistischen Daten eine Einkommensgröße hergeleitet werden kann, die der Anwendung der Theorie adäquat ist.

In der Volkswirtschaftlichen Gesamtrechnung wird das verfügbare Einkommen der privaten Haushalte in jeweiligen Preisen, also als nominale Größe, ausgewiesen. Zwischen 1950 und 1975 steigt es von 65 Mrd. DM auf 689 Mrd. DM, also mehr als das Zehnfache des anfänglichen Wertes[21], an (Tab. 2). Dies entspricht einer durchschnittlichen jährlichen Zunahme von 9,9%, wobei die Steigerungsraten in der ersten Dekade mit 10,5% etwas höher als in der zweiten mit 8,6% liegen; im nächsten Jahrfünft steigen sie wiederum auf 10,0% an.

Der private Konsum wächst von 63 Mrd. DM im Jahre 1950 auf 585 Mrd. DM im Jahre 1975 und erreicht damit nur knapp das Neunfache des ursprünglichen Wertes. Wie beim Einkommen, fallen die Wachstumsraten in den sechziger Jahren mit 7,9% um rund zwei Prozentpunkte gegenüber jenen der fünfziger Jahre mit 9,8% ab, ehe sie sich anfangs der siebziger Jahre wieder auf 9,7% erhöhen, so daß die durchschnittliche jährliche Zunahme sich auf 9,3% beläuft.

---

[21] Zu berücksichtigen ist, daß im Jahre 1960 ein einmaliger Anstieg des verfügbaren Einkommens um 11510 Mio. DM durch die Integration des Saarlandes und von West-Berlin in die Volkswirtschaftliche Gesamtrechnung der Bundesrepublik Deutschland verursacht wird. Die entsprechenden Werte für den privaten Verbrauch und die Ersparnis betragen 11010 bzw. 500 Mio. DM.

Tab. 2: Die Einkommensverwendung der privaten Haushalte

- in jeweiligen Preisen -

	verfügbares Einkommen		privater Verbrauch		Ersparnis	
	in Mio. DM	Veränderungsrate in %	in Mio. DM	Veränderungsrate in %	in Mio. DM	Veränderungsrate in %
1950	65270		63210		2060	
1951	75590	15,8	73260	15,9	2330	13,1
1952	85700	13,4	80820	10,3	4880	109,4
1953	94790	10,6	88330	9,3	6460	32,4
1954	101690	7,3	94200	6,6	7490	15,9
1955	112660	10,8	105280	11,8	7380	-1,5
1956	123600	9,7	116620	10,8	6980	-5,4
1957	137750	11,4	126720	8,7	11030	58,0
1958	149830	8,8	136790	7,9	13040	18,2
1959	160370	7,0	146280	6,9	14090	8,1
1960	176450	10,0	160830	9,9	15620	10,9
1960	187960		171840		16120	
1961	207090	10,2	188330	9,6	18760	16,4
1962	224100	8,2	204790	8,7	19310	2,9
1963	240580	7,4	216790	5,9	23790	23,2
1964	263170	9,4	233500	7,7	29670	24,7
1965	293440	11,5	257620	10,3	35820	20,7
1966	311130	6,0	275060	6,8	36070	0,7
1967	318130	2,2	282630	2,8	35500	-1,6
1968	343870	8,1	300740	6,4	43130	21,5
1969	381540	11,0	330900	10,0	50640	17,4
1970	427970	12,2	368850	11,5	59120	16,7
1971	473360	10,6	409440	11,0	63920	8,1
1972	528190	11,6	452100	10,4	76090	19,0
1973	575190	8,9	495360	9,6	79830	4,9
1974	624750	8,6	533740	7,7	91010	14,0
1975	689250	10,3	585330	9,7	103920	14,2
1976	729600	5,9	632510	8,1	97090	-6,6
1977	777860	6,6	683160	8,0	94700	-2,5
1978	828680	6,5	728900	6,7	99780	5,4
1979	898060	8,4	785020	7,7	113040	13,3
1980	964020	7,3	840780	7,1	123240	9,0
1981	1025690	6,4	887850	5,6	137840	11,8
1982	1051970	2,6	918050	3,4	133920	-2,8
1983	1081580	2,8	964160	5,0	117420	-12,3
1984	1132230	4,7	1003570	4,1	128660	9,6
1985	1171610	3,5	1038340	3,5	133270	3,6
1986	1217660	3,9	1068610	2,9	149050	11,8
1987	1268980	4,2	1112680	4,1	156300	4,9
1988	1323330	4,3	1156810	4,0	166520	6,5

Angaben für 1950 bis 1959 und zum Vergleich auch erste Angabe für 1960 ohne Saarland und West-Berlin.

Quellen: Deutsches Institut für Wirtschaftsforschung (1989); Statistisches Bundesamt (1985a) S. 114; eigene Berechnungen.

Während dieser zweieinhalb Jahrzehnte bleibt die Entwicklung der Konsumnachfrage also deutlich hinter der Dynamik des den Haushalten zur Verfügung stehenden Einkommens zurück. Entsprechend hoch fallen die Zuwachsraten der von ihnen gesparten Beträge aus: Sie liegen, deren geringerem Gewicht in der Einkommensverwendung gemäß, in den fünfziger Jahren bei durchschnittlich 22,5 %, in den sechziger Jahren immerhin noch bei 13,9 % und in der ersten Hälfte der siebziger Jahre schließlich bei 11,9 %, so daß die Ersparnis im Jahre 1975 mit 104 Mrd. DM rechnerisch rund fünfzigmal so groß ist wie fünfundzwanzig Jahre zuvor mit lediglich 2 Mrd. DM[22]. Dem residualen Charakter der Ersparnis entsprechend, vollzieht dieser Prozeß sich unter wesentlich stärkeren Schwankungen, als beim Einkommen oder dem Konsum auftreten, wobei in den Jahren 1955, 1956 und 1967 sogar ein absoluter Rückgang der Ersparnis zu verzeichnen ist.

Die skizzierte Entwicklung schlägt sich im Verlauf der Sparquote der privaten Haushalte nieder, die während des gesamten Zeitraumes einem gleichmäßig ansteigenden Trend folgt: Ausgehend von 3,2 % im Jahre 1950, steigt sie über 8,6 % in 1960 und 13,8 % in 1970 auf ihren höchsten historischen Stand von 15,1 % im Jahre 1975 an. Seither entwickelt die Sparquote sich jedoch völlig anders als in diesen zweieinhalb Dekaden: Sie fällt auf 12,6 % im Jahre 1988 zurück, wobei 1983 sogar ein Tiefpunkt von 10,8 % – also mehr als vier Prozentpunkte unterhalb des Wertes von 1975 – zu verzeichnen ist.

Die Steigungsraten des verfügbaren Einkommens von durchschnittlich 5,2 % pro Jahr liegen während dieses Zeitraumes nicht nur erheblich unter den früher beobachteten Raten, sondern werden auch deutlich von den jährlichen Zuwachsraten des privaten Verbrauchs übertroffen, die sich auf 5,4 % belaufen.

Wiederum zeigt die Entwicklung der Ersparnis, deren jährliche Wachstumsrate nur noch 3,4 % beträgt, die Wandlungen akzentuierter an. Hinter diesem Durchschnittswert stehen beträchtliche Schwankungen: Während bis 1975 nur völlig vereinzelt ein absoluter Rückgang der Ersparnis zu verzeichnen ist, ist dies in den letzten zwölf Jahren immerhin viermal der Fall[23].

Soll der Einfluß der Einkommensentwicklung auf die Sparquote – in deren Entwicklung die skizzierten Abläufe komprimiert zum Ausdruck kommen – im Sinne der oben dargestellten Theorien analysiert werden, kann jedoch nicht von den Nominalgrößen ausgegangen werden. Vielmehr ist zu berück-

---

22 Diese exorbitanten Relationen sind selbstverständlich dem Basiseffekt der anfangs der fünfziger Jahre außerordentlich geringen Ersparnis der privaten Haushalte zuzuschreiben.

23 Im Gegensatz zur Ersparnis kommt ein absoluter Rückgang der nominalen Werte des verfügbaren Einkommens und des Konsums in der gesamten Geschichte der Bundesrepublik bislang nicht vor.

sichtigen, daß das Einkommen lediglich repräsentativ für das Versorgungsniveau der Bevölkerung steht. Bei einer Interpretation des Einkommens als Wohlfahrtsindikator sind also zwei Aspekte zu beachten:

- Letztlich ist entscheidend, wieviele Waren und Dienstleistungen die Haushalte tatsächlich erwerben können. Die Entwicklung ihres nominalen Verfügungseinkommens ist also um Veränderungen der Kaufkraft des Geldes zu bereinigen, um zu aussagefähigen Werten zu gelangen.
- Darüber hinaus kann eine Einkommenserhöhung, die mit einer Bevölkerungszunahme einhergeht, nicht als wohlfahrtssteigernd angesehen werden. Es ist also notwendig, das verfügbare Einkommen auf die Einwohnerzahl zu beziehen[24].

3.2.1.1.1.2 Das nominal verfügbare Einkommen je Einwohner

In der Bundesrepublik Deutschland ist ein mehr als zwei Jahrzehnte lang anhaltender, ausgesprochen gleichmäßiger Anstieg der Wohnbevölkerung zu verzeichnen: Umfaßt sie im Jahre 1950 – ohne Saarland und West-Berlin – noch knapp 47 Mio., so liegt die Einwohnerzahl im Jahre 1973 mit etwa 62 Mio. um gut 30% höher. Abgesehen davon, daß die statistisch ausgewiesene Wohnbevölkerung im Jahre 1960 durch die Integration der beiden genannten Bundesländer in die volkswirtschaftlichen Rechnungssysteme einmalig um 3,3 Mio. Menschen ansteigt, entspricht dies einer jährlichen Bevölkerungszunahme von genau einem Prozent.

Die Entwicklung des verfügbaren Einkommens der privaten Haushalte überzeichnet deshalb in diesem Zeitraum die tatsächliche Steigerung des Lebensstandards: Pro Kopf gerechnet, liegen die durchschnittlichen Wachstumsraten des verfügbaren Einkommens in dieser Zeit um einen Prozentpunkt niedriger als die für das gesamtwirtschaftliche Aggregat ausgewiesenen Werte.

Im Jahre 1974 kulminiert das Bevölkerungswachstum bei etwas mehr als 62 Mio. Einwohnern; danach sinkt die Wohnbevölkerung so langsam auf den gegenwärtigen Stand von 61 Mio. ab, daß praktisch von einer Stagnation auf dem anfangs der siebziger Jahre erreichten Niveau zu sprechen ist. Infolgedessen übt der demographische Faktor seither – abgesehen vom Jahre 1988 – nahezu keinen Einfluß mehr aus: Die Veränderungen des aggregierten Verfügungseinkommens einerseits und des je Einwohner verfügbaren Einkommens andererseits differieren nur noch unwesentlich (Tab. 3, Abb. 2).

[24] Zugleich wird damit der Bruch der statistischen Datenreihe aufgrund der Gebietsänderung des Jahres 1960 praktisch eliminiert.

Tab. 3: **Das verfügbare Einkommen je Einwohner**

- in jeweiligen Preisen -

	Einwohner		verfügbares Einkommen je Einwohner	
	in 1.000	Veränderungsrate in %	in DM	Veränderungsrate in %
1950	46908		1391	
1951	47413	1,1	1594	14,6
1952	47728	0,7	1796	12,7
1953	48172	0,9	1968	9,6
1954	48710	1,1	2088	6,1
1955	49203	1,0	2290	9,7
1956	49797	1,2	2482	8,4
1957	50434	1,3	2731	10,0
1958	51056	1,2	2935	7,5
1959	51634	1,1	3106	5,8
1960	52183	1,1	3381	8,9
1960	55433		3391	
1961	56185	1,4	3686	8,7
1962	56837	1,2	3943	7,0
1963	57389	1,0	4192	6,3
1964	57971	1,0	4540	8,3
1965	58619	1,1	5006	10,3
1966	59148	0,9	5260	5,1
1967	59286	0,2	5366	2,0
1968	59500	0,4	5779	7,7
1969	60067	1,0	6352	9,9
1970	60651	1,0	7056	11,1
1971	61284	1,0	7724	9,5
1972	61672	0,6	8565	10,9
1973	61976	0,5	9281	8,4
1974	62054	0,1	10068	8,5
1975	61829	-0,4	11148	10,7
1976	61531	-0,5	11857	6,4
1977	61400	-0,2	12669	6,8
1978	61327	-0,1	13512	6,7
1979	61359	0,1	14636	8,3
1980	61566	0,3	15658	7,0
1981	61682	0,2	16629	6,2
1982	61638	-0,1	17067	2,6
1983	61423	-0,3	17609	3,2
1984	61175	-0,4	18508	5,1
1985	61024	-0,2	19199	3,7
1986	61066	0,1	19940	3,9
1987	61077	0,0	20777	4,2
1988	61476	0,7	21526	3,6

Angaben für 1950 bis 1959 und zum Vergleich auch erste Angabe für 1960 ohne Saarland und West-Berlin.

Quellen: H. Fleischer (1989) S. 778; Statistisches Bundesamt (1989) S. 43; dasselbe (1973) S. 23; Tab. 2, S. 57; eigene Berechnungen.

Abb. 2: Einkommens- und Bevölkerungsentwicklung
- Veränderungsraten in % -

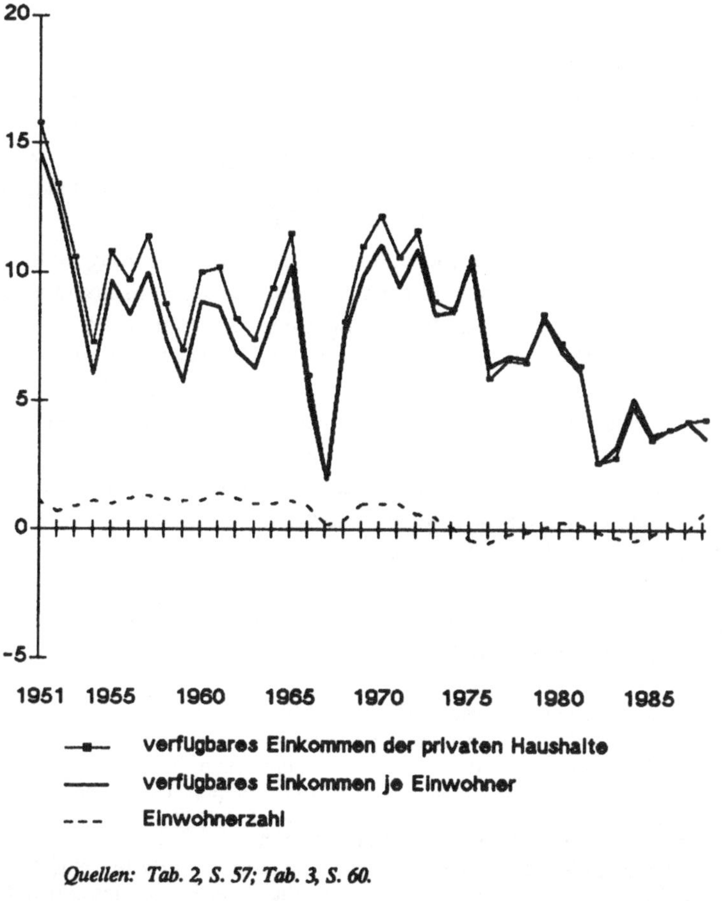

Quellen: Tab. 2, S. 57; Tab. 3, S. 60.

3.2.1.1.1.3 Das real verfügbare Einkommen je Einwohner

Komplizierter verhält es sich mit der Ermittlung von Kaufkraftschwankungen des Geldes, da sein Wert nicht absolut gemessen, sondern nur die relative Änderung eines Preisniveaus angegeben werden kann.

Für die Deflationierung des nominalen Verfügungseinkommens der privaten Haushalte ist grundsätzlich ein Index heranzuziehen, der die Preisentwicklung derjenigen Güter mißt, die mit diesem Einkommen tatsächlich gekauft werden. Dabei kommen zwei unterschiedliche Arten von Preisindices in Frage[25]:

- Die Preisindices für die Lebenshaltung, die als „Laspeyres-Indices“[26] konstruiert sind, und
- der Preisindex des privaten Verbrauchs, ein „Paasche-Index“[27].

Der Preisindex des privaten Verbrauchs ist dem populäreren Preisindex für die Lebenshaltung der privaten Haushalte besonders bei der Betrachtung säkularer Entwicklungen konzeptionell überlegen[28]. Deshalb soll er zur Deflationierung des verfügbaren Einkommens herangezogen werden. Als Ergebnis erhält man eine Zeitreihe „realer“ Einkommensgrößen in konstanten Preisen eines beliebig zu wählenden Basisjahres (Tab. 4, Abb. 3).

In den fünfziger Jahren findet – abgesehen vom einmaligen Ausreißer des Jahres 1951, der auf den Ausbruch des Koreakrieges im Sommer 1950 folgt, und der geringfügigen Kaufkraftsteigerung des Jahres 1953 – eine schleichende Geldentwertung statt, die anfangs der sechziger Jahre in deutlich höhere Inflationsraten mündet. Nach einer vorübergehenden Beruhigung des Preisauftriebs Ende der sechziger Jahre setzt der Inflationsprozeß sich in einem ausgeprägt zyklischen Muster auf erheblich höherem Niveau fort, wobei die Geldentwertung in den Jahren 1974 und 1981 Spitzen von 7,2 bzw. 6,2% erreicht. Erst seit 1982 bilden die Preissteigerungsraten sich wieder merklich zurück, bis 1986/87 schließlich vorübergehend ein stabiles Preisniveau vorherrscht.

Dieser anhaltende Inflationsprozeß mit zeitweise akzelerierenden, dann wieder abnehmenden Preissteigerungsraten schlägt sich in der Entwicklung

---

25 Vgl. S. Hauser / A. Ungerer (1986) S. 128 - 136.

26 Preisindices für die Lebenshaltung werden für verschiedene Haushaltstypen ausgewiesen. Die Gewichtsstrukturen der für die einzelnen Haushaltstypen charakteristischen Warenkörbe werden anhand der in fünfjährigem Turnus erhobenen Einkommens- und Verbrauchsstichproben für ein Basisjahr festgelegt und bis zur Revision über einen längeren Zeitraum unverändert beibehalten.

27 In diesen Index, der die Preisentwicklung aller von privaten Haushalten nachgefragten Güter wiedergibt, gehen automatisch die Gewichte des jeweiligen Berichtsjahres ein.

28 Anders als ein Paasche-Index sind Laspeyres-Indices konstruktionsbedingt mit gravierenden Nachteilen behaftet: Solange der Warenkorb des Basisjahres beibehalten wird, werden durch veränderte Preisrelationen ausgelöste Verschiebungen der Nachfragestruktur ignoriert. Bei „normaler“ Reaktion der Haushalte – relativ teurer gewordene Güter werden weniger, billiger gewordene mehr nachgefragt – überschätzt ein Laspeyres-Index daher die Geldentwertung.

Wird von Zeit zu Zeit das Gewichtungsschema des Warenkorbes der veränderten Verbrauchsstruktur angepaßt, muß der Index für die vorherigen Jahre neu berechnet werden. Die Anwendung zweier Indexreihen mit verschiedenen Basisjahren auf dasselbe Berichtsjahr kann unterschiedliche Preissteigerungsraten ergeben, wobei die Differenz desto größer ist, je mehr die zugrundeliegenden Warenkörbe voneinander abweichen.

Siehe dazu auch H. Lützel (1987) S. 119 sowie derselbe (1985) S. 442 Fn. 12.

Tab. 4: Das real verfügbare Einkommen je Einwohner

- in Preisen von 1980 -

	Preisindex des privaten Verbrauchs		real verfügbares Einkommen je Einwohner	
	1980 = 100	Veränderungsrate in %	in DM	Veränderungsrate in %
1950	38,1		3652	
1951	41,2	8,1	3873	6,0
1952	41,8	1,5	4301	11,1
1953	41,3	-1,0	4761	10,7
1954	41,5	0,3	5031	5,7
1955	42,0	1,3	5450	8,3
1956	42,9	2,0	5790	6,2
1957	43,9	2,4	6222	7,5
1958	45,1	2,7	6509	4,6
1959	45,4	0,8	6837	5,0
1960	46,0	1,3	7367	7,8
1961	47,7	3,5	7735	5,0
1962	49,1	3,0	8030	3,8
1963	50,6	3,0	8292	3,3
1964	51,8	2,4	8773	5,8
1965	53,5	3,3	9364	6,7
1966	55,3	3,5	9505	1,5
1967	56,3	1,7	9535	0,3
1968	57,1	1,5	10115	6,1
1969	58,3	2,1	10890	7,7
1970	60,5	3,7	11670	7,2
1971	63,8	5,5	12108	3,8
1972	67,4	5,6	12712	5,0
1973	72,1	7,0	12877	1,3
1974	77,3	7,2	13027	1,2
1975	82,0	6,1	13598	4,4
1976	85,4	4,2	13885	2,1
1977	88,5	3,6	14320	3,1
1978	90,9	2,8	14857	3,7
1979	94,7	4,1	15454	4,0
1980	100,0	5,6	15658	1,3
1981	106,2	6,2	15658	0,0
1982	111,3	4,8	15334	-2,1
1983	114,8	3,2	15339	0,0
1984	117,8	2,5	15711	2,4
1985	120,2	2,1	15973	1,7
1986	119,6	-0,5	16672	4,4
1987	120,3	0,5	17271	3,6
1988	121,8	1,2	17673	2,3

Angaben für 1950 bis 1959 ohne Saarland und West-Berlin.

Quellen: Deutsches Institut für Wirtschaftsforschung (1989); Statistisches Bundesamt (1985a) S. 81; Tab. 3, S. 60; eigene Berechnungen.

Abb. 3: **Einkommens- und Geldwertentwicklung**

- Veränderungsraten in % -

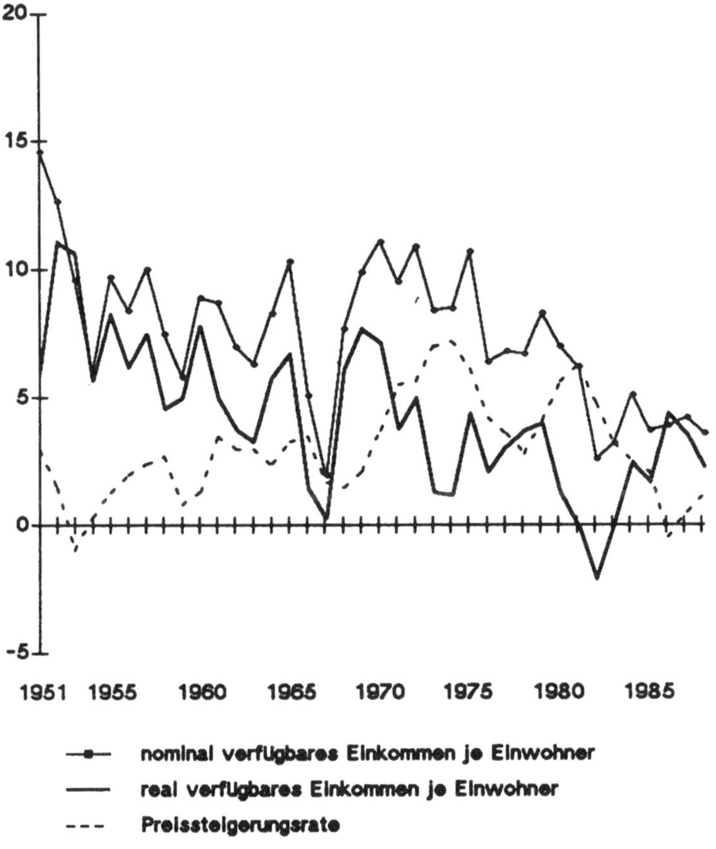

Quellen: Tab. 3, S. 60; Tab. 4, S. 63.

des nominalen Verfügungseinkommens nieder mit dem Ergebnis, daß die Wachstumsraten dieser Größe die Verbesserung des Lebensstandards, die die Haushalte tatsächlich erfahren, in einem stark schwankenden Ausmaß überzeichnen.

Damit das Haushaltseinkommen sinnvoll als Wohlfahrtsindikator interpretiert werden kann, sind derartige Veränderungen des Preisniveaus ebenso wie die des Bevölkerungsstandes auszuschalten. Somit erweist sich das real verfügbare Einkommen je Einwohner als die adäquate Einkommenskategorie für eine empirische Untersuchung der Determinanten der Sparquote (Tab. 5).

Tab. 5: **Die Einkommensverwendung der privaten Haushalte**

- je Einwohner; in Preisen von 1980 -

	verfügbares Einkommen		privater Verbrauch		Ersparnis	
	in DM	Veränderungsrate in %	in DM	Veränderungsrate in %	in DM	Veränderungsrate in %
1950	3652		3537		115	
1951	3873	6,0	3750	6,0	119	3,5
1952	4301	11,1	4051	8,0	245	105,1
1953	4761	10,7	4440	9,6	325	32,7
1954	5031	5,7	4660	5,0	371	14,1
1955	5450	8,3	5095	9,3	357	-3,6
1956	5790	6,2	5459	7,2	327	-8,5
1957	6222	7,5	5723	4,8	498	52,5
1958	6509	4,6	5941	3,8	566	13,7
1959	6837	5,0	6240	5,0	601	6,1
1960	7367	7,8	6739	8,0	632	5,2
1961	7735	5,0	7027	4,3	700	10,7
1962	8030	3,8	7338	4,4	692	-1,2
1963	8292	3,3	7466	1,7	819	18,4
1964	8773	5,8	7776	4,2	988	20,6
1965	9364	6,7	8215	5,6	1142	15,6
1966	9505	1,5	8409	2,4	1103	-3,5
1967	9535	0,3	8468	0,7	1064	-3,6
1968	10115	6,1	8852	4,5	1269	19,4
1969	10890	7,7	9449	6,7	1446	13,9
1970	11670	7,2	10052	6,4	1611	11,4
1971	12108	3,8	10472	4,2	1635	1,5
1972	12712	5,0	10876	3,9	1831	12,0
1973	12877	1,3	11086	1,9	1787	-2,4
1974	13027	1,2	11127	0,4	1897	6,2
1975	13598	4,4	11545	3,8	2050	8,0
1976	13885	2,1	12037	4,3	1848	-9,9
1977	14320	3,1	12572	4,4	1743	-5,7
1978	14857	3,7	13075	4,0	1790	2,7
1979	15454	4,0	13510	3,3	1945	8,7
1980	15658	1,3	13657	1,1	2002	2,9
1981	15658	0,0	13554	-0,8	2104	5,1
1982	15334	-2,1	13382	-1,3	1952	-7,2
1983	15339	0,0	13673	2,2	1666	-14,7
1984	15711	2,4	13926	1,9	1785	7,1
1985	15973	1,7	14156	1,7	1817	1,8
1986	16672	4,4	14631	3,4	2041	12,3
1987	17271	3,6	15144	3,5	2127	4,2
1988	17673	2,3	15449	2,0	2224	4,6

Angaben für 1950 bis 1959 ohne Saarland und West-Berlin.

Quellen: Tab. 2, S. 57; Tab. 3, S. 60; Tab. 4, S. 63; eigene Berechnungen.

3.2.1.1.2 Die säkulare Entwicklung der Sparquote

Verfolgt man statt des nominal verfügbaren Einkommens der privaten Haushalte die Entwicklung des real verfügbaren Pro-Kopf-Einkommens, so zeigt sich, daß der Wachstumsprozeß einerseits generell wesentlich verhaltener verläuft, als es bei oberflächlicher Betrachtung den Anschein hat, und andererseits die Wachstumsraten eine deutlich fallende Tendenz aufweisen: Sie gehen von durchschnittlich 7,2 % in den fünfziger Jahren über 4,8 % in den Sechzigern und 3,6 % in den Siebzigern auf nur noch 1,5 % in den achtziger Jahren zurück.

Der Verlauf der Sparquote hängt eng mit dieser Entwicklung zusammen: Während der fünfziger Jahre, in denen das verfügbare Einkommen der privaten Haushalte – und damit ihre Sparfähigkeit – rapide zunimmt, steigt die Sparquote von gut 3 % auf mehr als 8 % an. Auch in der nächsten Dekade nimmt die Sparquote um rund einen halben Prozentpunkt pro Jahr bis auf gut 13 % Ende der sechziger Jahre zu; relativ zum jeweils erreichten Niveau flacht sich ihr Zuwachs jedoch, im Einklang mit den durchschnittlichen Wachstumsraten des verfügbaren Einkommens, permanent ab. Schließlich kommt der Anstieg der Sparquote in der ersten Hälfte der siebziger Jahre, als die Einkommenssteigerungen nur noch etwa 3 % betragen, zum Stillstand.

Während dieser säkulare Anstieg der Sparquote unverkennbar ist, läßt sich ihr weiterer Verlauf bis in die Gegenwart auf unterschiedliche Weise deuten, so daß zwei alternative Interpretationsmöglichkeiten der Entwicklung der Sparquote in der Bundesrepublik Deutschland miteinander konkurrieren:

- Einerseits läßt sich eine Einteilung in zwei Phasen vornehmen in der Weise, daß eine zweieinhalb Jahrzehnte lang anhaltende, stabile Wachstumstendenz nach dem „Ausnahmejahr 1975“[29], in dem die Sparquote einen Spitzenwert von 15,1 % erreicht, in einen fallenden Trend umschlägt.
- Andererseits können auch drei Phasen unterschieden werden: In der ersten steigt die Sparquote kontinuierlich, von nur geringfügigen Rückschlägen unterbrochen, von rund 4 % anfangs der fünfziger Jahre auf etwa 13 - 14 % in den frühen siebziger Jahren an. Danach hält sie sich mehr als ein Jahrzehnt unter verhältnismäßig ausgeprägten Schwankungen auf diesem Niveau, wobei die vorübergehenden Ausschläge in der ersten Hälfte der siebziger Jahre stärker nach oben, in der zweiten Hälfte dieser Dekade eher nach unten erfolgen. Schließlich ist das Jahr 1983 als Beginn einer dritten Phase anzusehen, in der ein nachhaltiger Einbruch die Sparquote auf ein Niveau reduziert, das um zwei Prozentpunkte unter dem vorherigen liegt und dem Stand von Mitte der sechziger Jahre entspricht.

---

[29] G. Zeitel (1986) S. 879.

In der wirtschaftswissenschaftlichen Literatur wird überwiegend die erste Version vertreten[30]. Für die zweite Sichtweise plädiert die Deutsche Bundesbank in einer Studie vom Januar 1984, die das prägnante Absinken der Sparquote im Jahre 1983 freilich noch nicht als dauerhaft erkennen kann und demzufolge mit „Sondereinflüssen"[31] zu erklären versucht.

Die andauernde Zunahme der Sparquote in der Bundesrepublik Deutschland von den Fünfzigern bis in die erste Hälfte der siebziger Jahre hinein ist derart ausgeprägt, daß lediglich der genaue Zeitpunkt umstritten ist, zu dem dieser Trend gebrochen wird. Angesichts der klaren Evidenz herrscht bei allen Interpreten des Sparverhaltens der privaten Haushalte Einigkeit darüber, daß dieses gut zwei Jahrzehnte lang in geradezu idealer Weise den Aussagen von Keynes' Absoluter Einkommenshypothese entspricht: Die mit dem Einkommen zunehmende Sparfähigkeit bewirkt einen säkularen Anstieg der Sparquote[32].

Interessanterweise wird hier die Realität von einer Hypothese zutreffend beschrieben, die in der theoretisch orientierten Fachliteratur schon lange als antiquiert angesehen wurde: Seit Kuznets anfangs der vierziger Jahre den Nachweis erbrachte, daß die Sparquote in den Vereinigten Staaten über einen Zeitraum von sechs Jahrzehnten trotz erheblich gestiegener Einkommen nahezu unverändert geblieben war, enthalten alle „modernen" Konsumtheorien einen Mechanismus, der bei längerfristig anhaltenden Einkommenssteigerungen auf eine Konstanz der Sparquote hinwirkt. Dies gilt sowohl für die keynesianischen Ansätze – also Duesenberry's Relative Einkommenshypothese und Brown's „Habit Persistence"-Hypothese –, als auch für die beiden Varianten der Normaleinkommenshypothese, Friedman's Permanente Einkommenshypothese und Modigliani's Lebenszyklushypothese.

Bezogen auf die längerfristige Entwicklung des Einkommens und der Ersparnis in der Bundesrepublik Deutschland stellt sich erst seit den frühen siebziger Jahren die Frage, ob eine dieser Alternativen die Keynes'sche Konsumfunktion als dominierenden Erklärungsansatz des Sparverhaltens ablösen kann[33]. Ihnen ist gemeinsam, darauf ausgerichtet zu sein, eine längerfristige Stabilität der Sparquote im Wirtschaftswachstum zu begründen. Dies verweist

---

[30] Vgl. etwa K. Müller-Krumholz / R. Pohl (1984) S. 384; H.-H. Francke / D. Friedrich (1985) S. 57; G. Zeitel (1986) S. 879.

[31] Deutsche Bundesbank (1984a) S. 31.

[32] So stellt etwa Staudte fest: „Für die BRD kann in dem untersuchten Zeitraum (1950 - 1970) deshalb die uneingeschränkte Aussage getroffen werden, daß die Annahme eines sinkenden Konsumanteils bei steigendem Einkommen eine bessere Beschreibung der tatsächlichen Entwicklung ermöglicht als die der Konstanz." A. Staudte (1973) S. 120.

[33] So vertritt beispielsweise Karmann die Ansicht, daß Keynes' Konsumfunktion die Entwicklung bis Anfang der siebziger Jahre recht gut beschreibt, seither jedoch als Erklärungsansatz versagt. Vgl. A. Karmann (1985) S. 86 f.

unmittelbar auf den zweiten Aspekt, der die beiden Deutungsmöglichkeiten des Sparverhaltens unterscheidet und eng mit dem ersten Streitpunkt – der genauen Terminierung des Strukturbruches, der den Anstieg der Sparquote beendet – verbunden ist: Die Frage, ob seither ein fallender Trend der Sparquote vorliegt oder ob lediglich konjunkturbedingte Schwankungen der Sparquote um ein prinzipiell stabiles Niveau zu verzeichnen sind[34].

Für die Beantwortung dieser Fragen ist es bedeutsam, daß die Sparquote als Saldo zweier Größen – der Brutto-Sparquote einerseits und der Verschuldungsquote andererseits – interpretiert werden kann. Die Zerlegung der Sparquote in diese beiden Komponenten erlaubt einen tieferen Einblick in die Determinanten ihrer Entwicklung (Tab. 6, Abb. 4).

Seit dem Ende der sechziger Jahre ist nicht nur das Volumen des Konsumentenkredites erheblich größer als zuvor, sondern auch seine Volatilität ist wesentlich ausgeprägter als früher. Infolgedessen ist die Entwicklung der Sparquote seither ungleich stärker durch die Schwankungen der Verschuldungsquote geprägt. Dementsprechend verlaufen Sparquote und Brutto-Sparquote in der jüngeren Vergangenheit nicht mehr synchron.

Betrachtet man die langfristige, zyklenübergreifende Entwicklung der Brutto-Sparquote, so ist ein über viele Jahre – etwa von 1970 bis 1982 – stabiles Niveau von 14 - 15 % erkennbar; erst im Jahre 1983 sinkt die Brutto-Sparquote abrupt um zwei Prozentpunkte ab und verharrt seither auf einem erneut stabilen Niveau von 12 - 13 %. Bei dieser Größe tritt eine Konstanz im Wirtschaftswachstum also wesentlich stärker als bei der Sparquote selbst in Erscheinung.

In diesem Licht gesehen, beschreibt die Interpretation, daß die Sparquote sich nach ihrem langen Anstieg während der fünfziger und sechziger Jahre bereits anfangs der siebziger Jahre auf ein bestimmtes Niveau einpendelt, die Realität doch zutreffender als die alternative Deutung, daß der ansteigende Trend der Sparquote nach dem Spitzenwert von 1975 in einen fallenden Trend umschlägt.

3.2.1.1.3 Ergebnis

Mit dem Ende des säkularen Anstiegs der Sparquote in den frühen siebziger Jahren findet eine mehr als zwei Jahrzehnte andauernde Phase einen

[34] Die Vorstellung eines fallenden Trends impliziert eine Fortschreibung des – nunmehr immerhin schon mehr als ein Jahrzehnt lang anhaltenden – Rückgangs der Sparquote in die Zukunft. Eine derartige Einschätzung ist jedoch wegen der starken Schwankungen, denen diese Größe seit den siebziger Jahren unterliegt, mit hoher Unsicherheit behaftet. Angesichts der weitreichenden Implikationen eines ungehindert fortgesetzten Rückgangs der Sparquote der privaten Haushalte ist die zweite Alternative die erheblich vorsichtigere Interpretation.

Tab. 6: Ersparnis und Kreditaufnahme der privaten Haushalte

- in jeweiligen Preisen -

	(Netto-) Ersparnis in Mio. DM	(Netto-) Sparquote in %	Konsumentenkredit in Mio. DM	Verschuldungsquote in %	Brutto-Ersparnis in Mio. DM	Brutto-Sparquote in %
1950	2060	3,2	-400	-0,6	2460	3,8
1951	2330	3,1	-340	-0,4	2670	3,5
1952	4880	5,7	-480	-0,6	5360	6,3
1953	6460	6,8	-540	-0,6	7000	7,4
1954	7490	7,4	-500	-0,5	7990	7,9
1955	7380	6,6	-720	-0,6	8100	7,2
1956	6980	5,6	-590	-0,5	7570	6,1
1957	11030	8,0	-440	-0,3	11470	8,3
1958	13040	8,7	-750	-0,5	13790	9,2
1959	14090	8,8	-2010	-1,3	16100	10,0
1960	16120	8,6	-1490	-0,8	17610	9,4
1961	18760	9,1	-1320	-0,6	20080	9,7
1962	19310	8,6	-2210	-1,0	21520	9,6
1963	23790	9,9	-1450	-0,6	25240	10,5
1964	29670	11,3	-1330	-0,5	31000	11,8
1965	35820	12,2	-1840	-0,6	37660	12,8
1966	36070	11,6	-680	-0,2	36750	11,8
1967	35500	11,2	-1820	-0,6	37320	11,7
1968	43130	12,5	-3470	-1,0	46600	13,5
1969	50640	13,3	-5200	-1,3	55840	14,6
1970	59120	13,8	-4450	-1,0	63570	14,8
1971	63920	13,5	-7320	-1,5	71240	15,0
1972	76090	14,4	-10570	-2,0	86660	16,4
1973	79830	13,9	-5450	-0,9	85280	14,8
1974	91010	14,6	-520	-0,1	91530	14,7
1975	103920	15,1	-7780	-1,1	111700	16,2
1976	97090	13,3	-14770	-2,0	111860	15,3
1977	94700	12,2	-15310	-1,9	110010	14,1
1978	99780	12,0	-18630	-2,2	118410	14,2
1979	113040	12,6	-20700	-2,3	133740	14,9
1980	123240	12,7	-12660	-1,3	135900	14,0
1981	137840	13,5	-7580	-0,7	145420	14,2
1982	133920	12,7	-9470	-0,9	143390	13,6
1983	117420	10,8	-12510	-1,1	129930	11,9
1984	128660	11,4	-10480	-0,9	139140	12,3
1985	133270	11,4	-12780	-1,0	146050	12,4
1986	149050	12,2	-9980	-0,8	159030	13,0
1987	156300	12,3	-11570	-0,9	167870	13,2
1988	166520	12,6	-13170	-1,0	179690	13,6

Angaben für 1950 bis 1959 ohne Saarland und West-Berlin.

Quellen: Deutsches Institut für Wirtschaftsforschung (1989); Statistisches Bundesamt (1985a) S. 114; Deutsche Bundesbank (1989) S. 38-41; dieselbe (1988) S. 30-32; dieselbe (1983) S. 7; eigene Berechnungen.

Abb. 4: **Spar- und Verschuldungsquoten**

- in % -

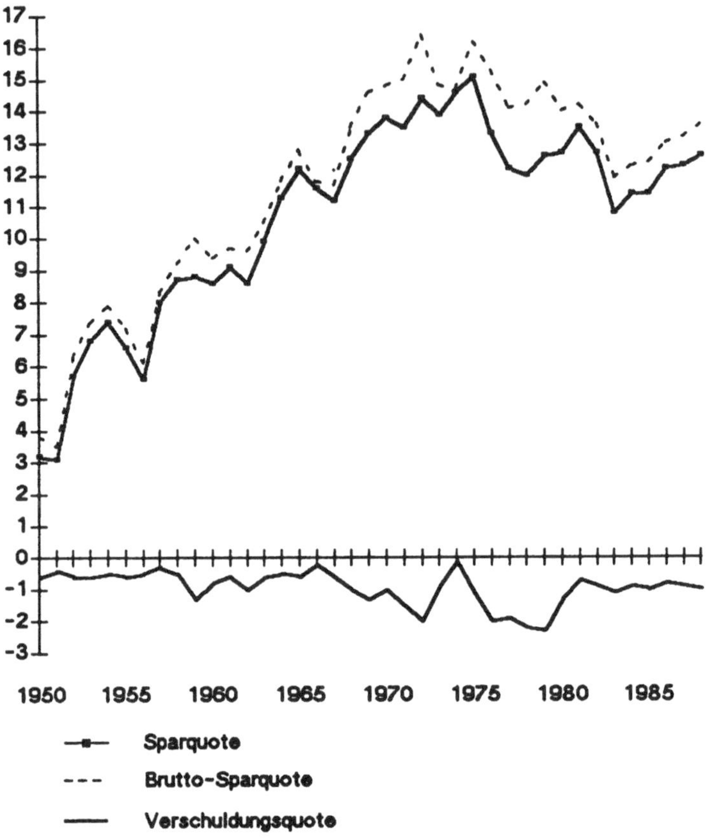

Quelle: Tab. 6, S. 69.

Abschluß, während der das Sparverhalten der Haushalte von der Absoluten Einkommenshypothese zutreffend beschrieben wird. Die anschließend zu beobachtende langfristige Stabilität der Sparquote entspricht der von allen „modernen" Konsumhypothesen postulierten Aussage einer säkularen Konstanz dieser Größe im Wachstumsprozeß. Insofern bieten sich die Hypothesen von Duesenberry, Brown, Friedman und Modigliani gleichermaßen für die weitere Untersuchung des Sparverhaltens seit den siebziger Jahren an. Erklärungsbedürftig bleibt jedoch der um das Jahr 1983 erkennbare Einbruch, bei dem das mittlere Niveau der Sparquote dauerhaft um zwei Prozentpunkte absinkt.

3.2.1.2 Die Einkommensverteilung als Determinante der Sparquote

3.2.1.2.1 Vorbemerkungen

Eine weitere Bestimmungsgröße, deren Erklärungsbeitrag für den Verlauf der Sparquote nun zu untersuchen ist, ist die Einkommensverteilung. Veränderungen dieser Variablen werden in den makroökonomischen Konsumhypothesen zwar stets als bedeutsam für die Sparquote angesprochen, aber die Wirkungsmechanismen werden regelmäßig nur skizziert, ohne konsequent überprüft zu werden. Dabei unterscheiden sich die Aussagen der einzelnen Hypothesen sowohl hinsichtlich der zugrundeliegenden Verteilungsbegriffe, als auch bezüglich der unterstellten Wirkungsrichtung auf die Sparquote.

Während im Hinblick auf die funktionale Einkommensverteilung Kaldor als Repräsentant der keynesianischen Theorie und Friedman als Verfechter der Normaleinkommenshypothesen darin übereinstimmen, daß eine Umverteilung zu Lasten der Gewinneinkommen die Ersparnis reduziert, werden bezüglich der personellen Einkommensverteilung diametral entgegengesetzte Meinungen vertreten. Die Absolute Einkommenshypothese ist – obgleich Keynes selbst keine konkreten Aussagen über den Effekt einer veränderten personellen Einkommensverteilung auf die Sparquote trifft[35] – dahingehend zu interpretieren, daß eine Einkommensnivellierung konsumanregend wirken, die Sparquote also senken wird; umgekehrt wird eine zunehmende Einkommensdifferenzierung die Sparquote erhöhen. Dagegen läßt Duesenberry's Relative Einkommenshypothese von einer Einkommensnivellierung konsumdämpfende Effekte und mithin eine Erhöhung der Sparquote, von einer steigenden Einkommensdifferenzierung demnach eine Reduktion der Sparquote erwarten. Schließlich bleibt im Rahmen der Normaleinkommenshypothesen eine reine Veränderung der personellen Einkommensverteilung, die die funktionale Einkommensverteilung nicht tangiert, ohne Auswirkung auf die Sparquote.

Einige neuere Untersuchungen des Deutschen Instituts für Wirtschaftsforschung[36], die die globalen Daten über die Einkommensverwendung der privaten Haushalte bis ins Jahr 1970 zurück in differenzierte Angaben für Selbständigen-, Arbeitnehmer-, Arbeitslosen- sowie Rentner- und Pensio-

---

[35] Sein vager Hinweis, daß die Sparquote durch die Prinzipien beeinflußt werde, auf denen die Einkommensverteilung basiert, stellt nicht mehr dar als ein für jede erdenkliche Konkretisierung offenes Orakel.

[36] Vgl. K. Müller-Krumholz (1989) S. 313 - 319; dieselbe (1987) S. 515 - 524; dieselbe (1986) S. 555 - 566; K. Müller-Krumholz / R. Pohl (1984) S. 384 - 390.

närs-Haushalte aufbereiten, ermöglichen, dem Zusammenhang zwischen Einkommensverteilung und Sparquote im Detail nachzugehen.

3.2.1.2.2 Das Sparverhalten der sozialen Gruppen

3.2.1.2.2.1 Niveauunterschiede der Einkommen und Sparquoten

Die Sparquoten der einzelnen sozialen Bevölkerungsgruppen sind durch ganz erhebliche Niveauunterschiede gekennzeichnet: Im Jahre 1988 liegt die Sparquote der Selbständigen-Haushalte mit 26,8% fast dreimal so hoch wie die der Arbeitnehmer-Haushalte mit 9,7% und sogar annähernd fünfmal so hoch wie jene der Rentner- und Pensionärs-Haushalte von 5,8%; die Arbeitslosen-Haushalte weisen sogar eine „negative Sparquote" von −3,0% auf (Tab. 7, Abb. 5), liquidieren also Geldvermögen für Konsumzwecke[37].

Die außerordentlich hohe Sparquote der Selbständigen ist im wesentlichen darauf zurückzuführen, daß die Angehörigen dieser Gruppe nicht der Sozialversicherungspflicht unterliegen[38]. Infolgedessen trägt ihr Sparverhalten deutlich Züge, die den Aussagen von Modigliani's Lebenszyklushypothese entsprechen.

Während ihres Erwerbslebens akkumulieren die Selbständigen ein Vermögen, aus dessen Erträgen und durch dessen Verzehr sie die Aufrechterhaltung ihres Lebensstandards im Ruhestand finanzieren. Somit sind die Selbständigen-Haushalte genötigt, erheblich größere Sparanstrengungen zu unternehmen als die Arbeitnehmer-Haushalte, die im Alter mit einer Rente aus der staatlichen Sozialversicherung rechnen können.

Mittels der Lebenszyklushypothese läßt sich auch erklären, weshalb die Rentner- und Pensionärs-Haushalte eine wesentlich geringere Sparquote als die Arbeitnehmer-Haushalte aufweisen, obgleich das Durchschnittseinkommen beider Gruppen in derselben Größenordnung liegt. Das auf den ersten Blick relativ hoch erscheinende Einkommen der Rentner- und Pensionärs-

---

37 In absoluten Zahlen bedeutet dies, daß die Selbständigen-Haushalte – in Preisen von 1988 – durchschnittlich 35661 DM, die Arbeitnehmer-Haushalte 4995 DM und die Rentner- und Pensionärs-Haushalte 1833 DM sparen, während die Arbeitslosen-Haushalte in der Höhe von 760 DM entsparen. Vgl. K. Müller-Krumholz (1989) S. 318.

Berücksichtigt man die unterschiedliche Haushaltsgröße – sie beträgt derzeit bei den Selbständigen durchschnittlich 3,0, bei den Arbeitnehmern 2,6, bei Rentnern und Pensionären 1,7 sowie bei den Arbeitslosen 2,3 Personen je Haushalt –, so belaufen sich die entsprechenden Beträge auf eine Ersparnis von 11805, 1936 und 1049 DM sowie ein Entsparen von 336 DM je Haushaltsangehörigen. Eigene Berechnungen nach K. Müller-Krumholz (1989) S. 315.

38 Eine weitere Ursache, auf die noch einzugehen sein wird, ist darin zu sehen, daß die Selbständigen einsam an der Spitze der Einkommensverteilung stehen und somit trotz ihrer vergleichsweise geringen Konsumneigung bei weitem das höchste Konsumniveau aller sozialen Gruppen erreichen.

Tab. 7: Die Sparquoten der sozialen Gruppen

- in % -

	insgesamt	Erwerbstätigen-Haushalte			Nichterwerbstätigen-Haushalte		
		zusammen	Selbständige	Arbeitnehmer	zusammen	Arbeitslose	Rentner und Pensionäre
1970	13,5	14,3	24,5	10,4	10,5	2,1	10,5
1971	13,1	13,8	21,9	10,8	10,7	1,8	10,8
1972	13,9	15,0	26,1	11,1	10,2	0,6	10,3
1973	13,3	14,4	24,3	11,1	9,7	2,0	9,8
1974	13,9	15,2	24,3	12,3	10,0	3,9	10,1
1975	14,5	16,0	26,3	12,6	10,2	3,6	10,5
1976	12,5	14,0	25,7	10,0	8,4	-0,6	8,7
1977	11,3	12,6	23,6	9,0	7,9	-2,6	8,2
1978	11,1	12,7	22,5	9,7	7,0	-1,4	7,3
1979	11,7	13,5	24,3	10,0	6,9	-0,4	7,0
1980	11,8	13,6	24,6	10,0	6,8	0,8	7,0
1981	12,5	14,5	26,2	10,6	7,0	1,5	7,2
1982	11,7	13,8	26,1	9,4	6,5	-0,7	6,9
1983	10,0	12,0	22,9	8,0	4,8	-3,2	5,3
1984	10,6	12,8	25,6	7,9	4,6	-3,9	5,2
1985	10,5	12,7	24,9	8,0	4,6	-3,9	5,2
1986	11,3	13,7	25,7	9,2	5,2	-3,4	5,7
1987	11,5	14,0	26,0	9,4	5,2	-3,1	5,7
1988	11,8	14,4	26,8	9,7	5,3	-3,0	5,8

Quelle: K. Müller-Krumholz (1989) S. 318; dieselbe (1987) S. 522.

Haushalte ist darauf zurückzuführen, daß zu dieser Gruppe nicht nur ehemals abhängig Beschäftigte zählen, die nun ihre Altersrente erhalten, sondern auch solche Haushalte, die zuvor als Selbständige berufstätig waren und nun Vermögenseinkünfte beziehen, deren Höhe das durchschnittliche Erwerbseinkommen eines Arbeitnehmer-Haushaltes zumeist deutlich übertrifft. Im Ruhestand erzielen diese Haushalte naturgemäß ein geringeres Einkommen als während ihres vorherigen Erwerbslebens. Um ihren Konsumstandard aufrecht erhalten zu können, reduzieren sie nun ihre Ersparnis; der überwiegende Teil der ehemals Selbständigen wird sogar entsparen müssen, um dieses Ziel zu erreichen. Infolgedessen weisen die Rentner- und Pensionärs-Haushalte – trotz des vergleichbaren Einkommensniveaus – im Durchschnitt eine deutlich geringere Sparquote als die Arbeitnehmer-Haushalte auf.

Ebenso wie beim Ruhestand handelt es sich bei der Arbeitslosigkeit um einen Lebensabschnitt, in dem das Haushaltseinkommen erheblich unter dem längerfristigen Mittelwert liegt. Dies gilt um so mehr, wenn wegen anhaltender

Abb. 5: Die Sparquoten der sozialen Gruppen
- in % -

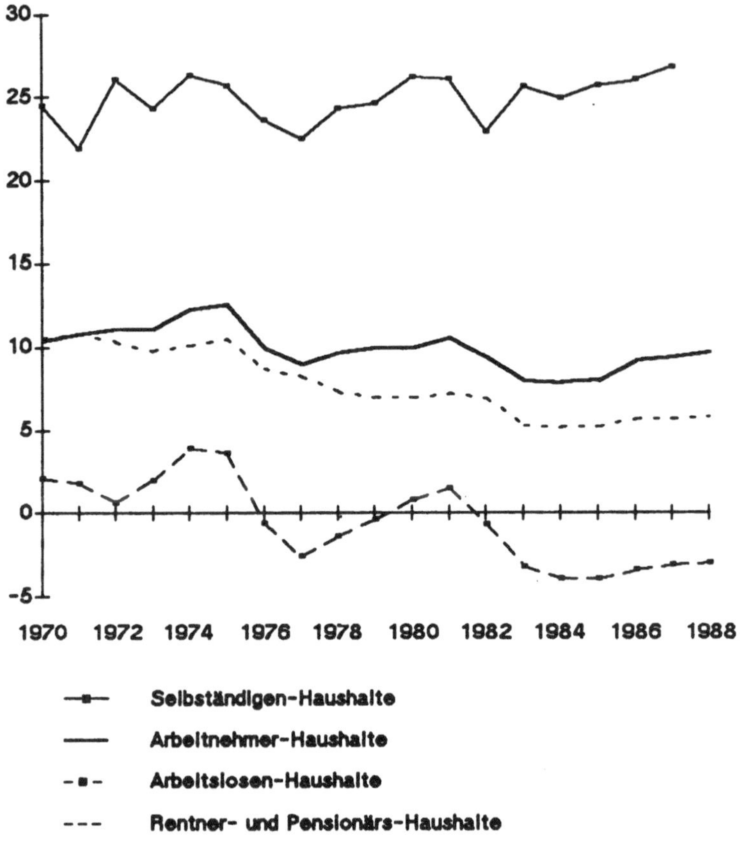

Quelle: Tab. 7, S. 73.

Dauer der Erwerbslosigkeit der Anspruch auf Arbeitslosengeld verloren geht und der Haushalt seinen Lebensunterhalt mit der Arbeitslosenhilfe oder gar der Sozialhilfe bestreiten muß. Versuchen diese Arbeitslosen-Haushalte, ihr Konsumniveau auch nur annähernd aufrecht zu erhalten, so sind sie gezwungen, zu entsparen – entweder, indem sie Geldvermögen auflösen, oder, indem sie Kredite aufnehmen. Dies führt zum Ausweis einer negativen Sparquote dieser sozio-ökonomischen Gruppe.

3.2.1.2.2.2 Entwicklungsdivergenzen bei Einkommen und Sparquoten

Die Sparquoten der verschiedenen sozialen Gruppen weisen nicht nur ein unterschiedliches Niveau auf, sondern sind auch durch divergente Entwicklungstendenzen gekennzeichnet, die sich hinter dem Verlauf der Sparquote aller Privathaushalte verbergen[39]. Diese Größe, die 1970 13,5% und 1975 sogar 14,5% erreicht, liegt im Jahre 1988 bei 11,8% und damit um 1,7 bzw. 2,7 Prozentpunkte unter den zuvor erzielten Werten.

Einen ganz ähnlichen Verlauf nimmt die Sparquote der zahlenmäßig bei weitem größten sozialen Gruppe, der Arbeitnehmer-Haushalte: Sie steigt von 10,4% im Jahre 1970 auf 12,6% in 1975 an, ehe sie auf 9,7% in 1988 zurückfällt (Tab. 7, Abb. 5). Dabei liegt sie stets zwischen eineinhalb und drei Prozentpunkten unterhalb der durchschnittlichen Sparquote der Privathaushalte.

Dagegen erweist sich die Sparquote der Selbständigen-Haushalte als bemerkenswert stabil: Von vorübergehenden Abweichungen abgesehen, hält sie sich während des gesamten Zeitraumes etwa bei 24 bis 26%.

Die Besonderheit, daß es den Selbständigen-Haushalten gelungen ist, das Niveau ihrer Sparquote praktisch unverändert aufrecht zu erhalten, während jene der Arbeitnehmer-Haushalte seit Mitte der siebziger Jahre um etwa drei Prozentpunkte zurückgegangen ist, läßt sich auf die unterschiedliche Einkommensentwicklung zurückführen: Während das real verfügbare Einkommen je Haushaltsangehörigen in der ersten Gruppe durchschnittlich 4,1% pro Jahr angestiegen ist, beschränkt sich die jährliche Einkommenssteigerung in der zweiten Gruppe auf 2,4%[40] (Tab. 9, Abb. 7).

Noch wesentlich ungünstiger als bei den Arbeitnehmer-Haushalten stellt sich die Einkommensentwicklung bei den Transfereinkommensbeziehern – also den Empfängern von Arbeitslosenunterstützung und Sozialhilfe einerseits sowie den Rentnern und Pensionären andererseits – dar: Der jährliche Anstieg des real verfügbaren Pro-Kopf-Einkommens seit Mitte der siebziger Jahre beträgt bei der ersten Gruppe lediglich 1,5%; bei der zweiten Gruppe beschränkt sich der Zuwachs sogar auf bescheidene 0,7%.

Entsprechend stark geht die Sparquote der Rentner- und Pensionärs-Haushalte von 10,5% im Jahre 1975 kontinuierlich auf 5,2% im Jahre 1984 zurück und hält sich seither etwa auf diesem Niveau.

---

[39] Im Gegensatz zur bisher diskutierten Sparquote sind bei dieser Analyse des Sparverhaltens der sozialen Gruppen Einkommen und Ersparnis der privaten Organisationen ohne Erwerbscharakter und der Anstaltsbevölkerung ausgeklammert. Vgl. K. Müller-Krumholz (1987) S. 515 Fn. 2; dieselbe (1986) S. 556.

Die hier betrachtete Sparquote der Privathaushalte (im engeren Sinne) liegt geringfügig – zumeist um knapp einen Prozentpunkt – niedriger als die für das umfassendere Aggregat der privaten Haushalte ausgewiesenen Werte.

[40] Eigene Berechnungen nach Tab. 9.

Tab. 8: Real verfügbares Einkommen der sozialen Gruppen
- je Haushaltsangehörigen; in Preisen von 1980 -

	insgesamt	Erwerbstätigen-Haushalte			Nichterwerbstätigen-Haushalte		
		zusammen	Selb-ständige	Arbeit-nehmer	zusammen	Arbeits-lose	Rentner und Pensionäre
1970	11528	11703	18623	10261	10934	5967	11000
1971	11940	12063	19495	10600	11522	6237	11609
1972	12503	12538	20796	10969	12386	6671	12511
1973	12658	12568	20016	11196	12955	7204	13067
1974	12821	12744	19910	11435	13056	7470	13274
1975	13434	13500	21683	12000	13251	7721	13693
1976	13707	13731	22829	12097	13643	7430	14083
1977	14133	14090	22983	12515	14249	7486	14656
1978	14683	14721	23030	13260	14583	7788	14942
1979	15270	15446	25176	13754	14801	8215	15106
1980	15469	15644	26263	13822	15002	8392	15300
1981	15508	15827	27468	13830	14702	8151	15143
1982	15205	15612	27413	13535	14240	7826	14860
1983	15218	15902	27829	13755	13715	7946	14381
1984	15608	16576	30550	14069	13550	8091	14151
1985	15871	17016	31679	14404	13512	8310	14065
1986	16554	17861	32769	15229	13911	8732	14419
1987	17149	18602	34807	15796	14271	9027	14763
1988	17598	19201	36170	16319	14493	9335	14974

Quellen: K. Müller-Krumholz (1989) S. 316; dieselbe (1987) S. 518; Tab. 4, S. 63; eigene Berechnungen.

Dramatischer verläuft die Entwicklung bei den Arbeitslosen-Haushalten: Während sie im Jahre 1975 noch in der Lage sind, 3,6% ihres verfügbaren Einkommens zu sparen, ist seither – abgesehen von 1980/81 – ständig eine „negative Sparquote" zu verzeichnen. Dabei vollzieht sich ein einschneidender Bruch in ihrem Sparverhalten genau in den Jahren, in denen die Kluft zwischen dem Einkommen der Arbeitslosen und jenem der Erwerbstätigen sich besonders stark erweitert: Zwischen 1981 und 1984 fällt die Sparquote der Arbeitslosen-Haushalte von +1,5% auf –3,9% zurück und verharrt seitdem unter –3%. Dies bedeutet, daß die Arbeitslosen-Haushalte gezwungen sind, ihren Konsum durch permanenten Abbau ihres Geldvermögens oder durch Kreditaufnahme zu finanzieren.

Dieser Zusammenhang zwischen der Einkommenssteigerung und der Veränderung der Sparquote in den einzelnen sozialen Gruppen läßt sich mit Hilfe von Duesenberry's Relativer Einkommenshypothese deuten, die die Mecha-

Abb. 6: **Real verfügbares Einkommen der sozialen Gruppen**
- je Haushaltsangehörigen; in Preisen von 1980 -

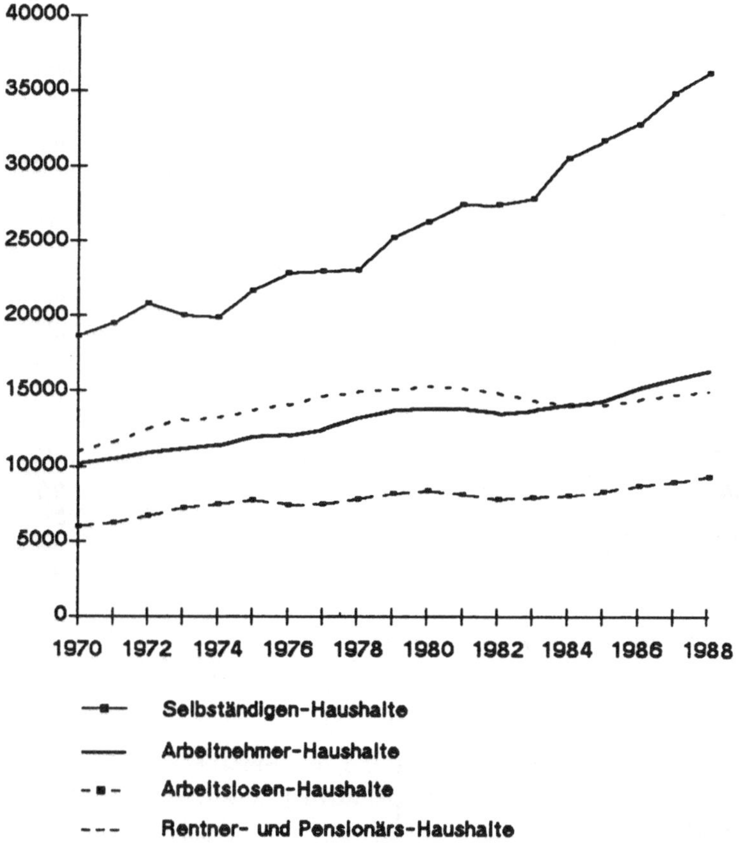

Quelle: Tab. 8, S. 76.

nismen aufzeigt, welche eine Zunahme der Sparquote bei längerfristig anhaltenden Einkommenssteigerungen unterbinden: Die Selbständigen-Haushalte, die das weitaus höchste Pro-Kopf-Einkommen aller sozialen Gruppen aufweisen (Tab. 8, Abb. 6), fungieren als Konsumführer der Gesellschaft, indem sie ihren gehobenen sozialen Status durch ihr Konsumverhalten dokumentieren. Der Anstieg des verfügbaren Einkommens im Wirtschaftswachstum ermöglicht es den darunterliegenden Einkommensschichten, die überwiegend den anderen sozialen Gruppen angehören, diesem Konsumstandard näher zu

Tab. 9: Real verfügbares Einkommen der sozialen Gruppen

- je Haushaltsangehörigen; Veränderungsrate in % -

	insgesamt	Erwerbstätigen-Haushalte			Nichterwerbstätigen-Haushalte		
		zusammen	Selbständige	Arbeitnehmer	zusammen	Arbeitslose	Rentner und Pensionäre
1971	3,6	3,1	4,7	3,3	5,4	4,5	5,5
1972	4,7	3,9	6,7	3,5	7,5	7,0	7,8
1973	1,2	0,2	-3,8	2,1	4,6	8,0	4,4
1974	1,3	1,4	-0,5	2,1	0,8	3,7	1,6
1975	4,8	5,9	8,9	4,9	1,5	3,4	3,1
1976	2,0	1,7	5,3	0,8	3,0	-3,8	2,8
1977	3,1	2,6	0,7	3,5	4,4	0,8	4,1
1978	3,9	4,5	0,2	6,0	2,3	4,0	2,0
1979	4,0	4,9	9,3	3,7	1,5	5,5	1,1
1980	1,3	1,3	4,3	0,5	1,4	2,2	1,3
1981	0,3	1,2	4,6	0,1	-2,0	-2,9	-1,0
1982	-2,0	-1,4	-0,2	-2,1	-3,1	-4,0	-1,9
1983	0,1	1,9	1,5	1,6	-3,7	1,5	-3,2
1984	2,6	4,2	9,8	2,3	-1,2	1,8	-1,6
1985	1,7	2,7	3,7	2,4	-0,3	2,7	-0,6
1986	4,3	5,0	3,4	5,7	3,0	5,1	2,5
1987	3,6	4,1	6,2	3,7	2,6	3,4	2,4
1988	2,6	3,2	3,9	3,3	1,6	3,4	1,4

Quellen: Tabelle 8, S. 76; eigene Berechnungen.

kommen. Dies veranlaßt wiederum die Empfänger höherer Einkommen, ihren Verbrauch ebenfalls demonstrativ zu steigern, um die Status-Hierarchie aufrecht zu erhalten.

Nehmen die Einkommen der verschiedenen sozialen Gruppen gleichmäßig zu, so hält dieses gegenseitige Hochschaukeln des Verbrauchs die Sparquote der Privathaushalte im Wachstumsprozeß säkular nahezu konstant. Tatsächlich war die Entwicklung seit Mitte der siebziger Jahre jedoch dadurch gekennzeichnet, daß das Einkommen der Arbeitnehmer-Haushalte nur etwas mehr als halb so stark wie jenes der Selbständigen-Haushalte zunahm, während die Einkommenssteigerungen der Nichterwerbstätigen-Haushalte sogar noch erheblich weiter hinter deren Einkommensdynamik zurückblieben.

Die Konstanz der Sparquote der Selbständigen-Haushalte bringt zum Ausdruck, daß sie ihren Verbrauch im selben Maße steigerten, in dem ihr Einkommen zunahm. Je geringer der Einkommenszuwachs der anderen Gruppen ausfiel, desto stärker ging ihr Versuch, das eigene Verbrauchsverhalten an

Abb. 7: Real verfügbares Einkommen der sozialen Gruppen
- je Haushaltsangehörigen; Veränderungsrate in % -

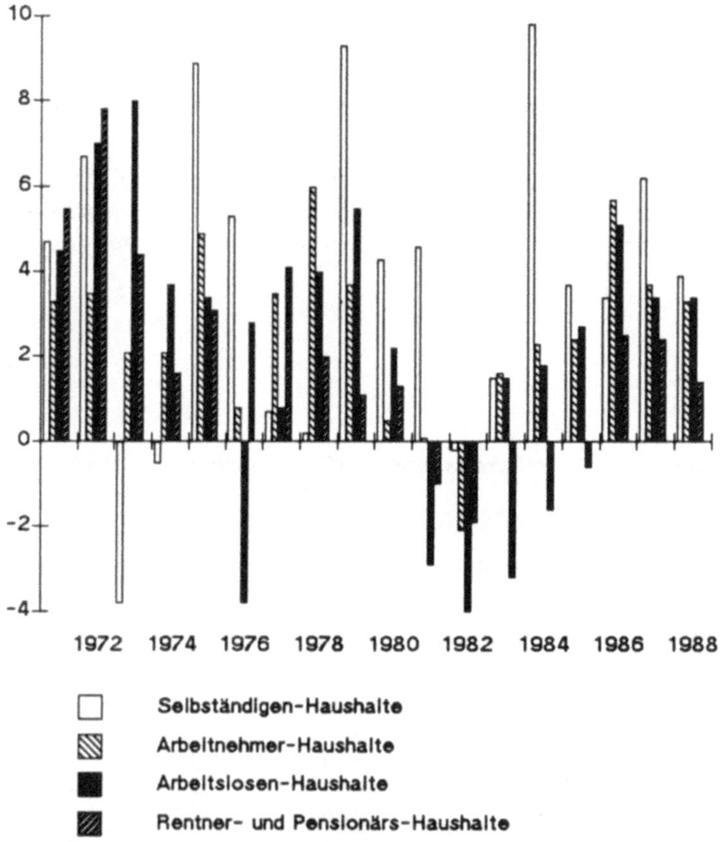

Quelle: Tab. 9, S. 78.

dem ihrer Konsumführer zu orientieren, zu Lasten ihrer Ersparnis. So wirkt die zunehmende Differenzierung der Einkommensverteilung zwischen den sozio-ökonomischen Gruppen seit Mitte der siebziger Jahre auf einen Rückgang der Sparquote der Privathaushalte hin.

3.2.1.2.2.3 Verschiebungen der Bevölkerungsstruktur

Der Rückgang der Sparquote aller Privathaushalte ist nicht allein auf ein verändertes Sparverhalten innerhalb der einzelnen Gruppen wegen der divergierenden Einkommensentwicklung zurückzuführen, sondern auch vor dem Hintergrund einer langfristigen Verschiebung der sozio-ökonomischen Bevölkerungsstruktur zu sehen (Tab. 10, Abb. 8). Diese basiert auf zwei voneinander unabhängigen Entwicklungen:

- Zum einen verändert sich die Altersstruktur der Bevölkerung dahingehend, daß immer mehr Menschen den Rentner- und Pensionärs-Haushalten angehören. Ihr Bevölkerungsanteil, der in der ersten Hälfte der siebziger Jahre noch konstant bei knapp 23 % lag, stieg seither kontinuierlich auf mehr als 30 % an.
- Zum anderen nimmt die Anzahl derjenigen, die in Arbeitslosen-Haushalten leben, drastisch zu: Während ihr Anteil anfangs der siebziger Jahre noch unter einem halben Prozent lag, beträgt er in den letzten Jahren rund drei Prozent.

Tab. 10: Bevölkerungsanteile der sozialen Gruppen

- in % -

	Erwerbstätigen-Haushalte			Nichterwerbstätigen-Haushalte		
	zusammen	Selbständige	Arbeitnehmer	zusammen	Arbeitslose	Rentner und Pensionäre
1970	77,2	13,3	63,9	22,7	0,3	22,4
1971	77,2	12,7	64,5	22,8	0,4	22,4
1972	77,0	12,3	64,7	23,0	0,5	22,5
1973	76,9	12,0	64,9	23,1	0,4	22,7
1974	75,5	11,7	63,8	24,5	0,9	23,6
1975	73,6	11,4	62,2	26,4	2,0	24,4
1976	73,1	11,1	62,0	26,9	1,8	25,1
1977	72,9	11,0	61,9	27,1	1,5	25,6
1978	72,7	10,9	61,8	27,4	1,4	26,0
1979	72,7	10,8	61,9	27,3	1,2	26,1
1980	72,8	10,7	62,1	27,3	1,2	26,1
1981	71,8	10,5	61,3	28,3	1,8	26,5
1982	70,3	10,5	59,8	29,7	2,6	27,1
1983	68,8	10,5	58,3	31,2	3,2	28,0
1984	68,0	10,3	57,7	32,0	3,2	28,8
1985	67,4	10,2	57,2	32,6	3,1	29,5
1986	66,9	10,0	56,9	33,1	3,0	30,1
1987	66,4	9,8	56,6	33,6	2,9	30,7
1988	65,9	9,6	56,3	34,1	2,9	31,2

Quellen: K. Müller-Krumholz (1989) S. 315; dieselbe (1987) S. 517; eigene Berechnungen.

Abb. 8: Bevölkerungsanteile der sozialen Gruppen

- in % -

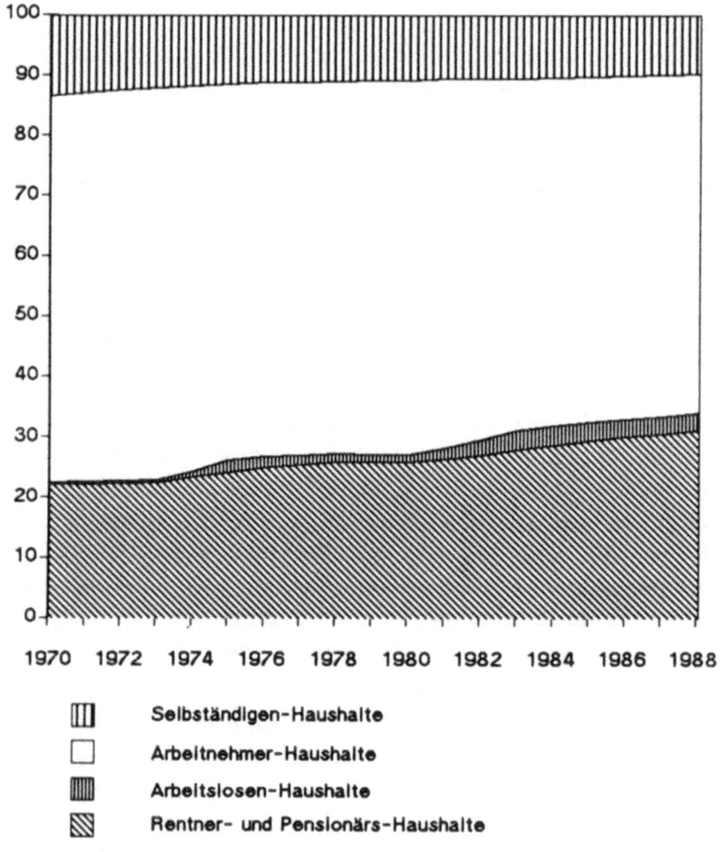

Quelle: Tab. 10, S. 80.

Damit lebt derzeit insgesamt über ein Drittel der Bevölkerung in Nichterwerbstätigen-Haushalten, während es in den frühen siebziger Jahren lediglich knapp ein Viertel war. Im gleichen Zeitraum ging die Sparquote dieser Nichterwerbstätigen-Haushalte rapide zurück: Nachdem sie zwischen 1970 und 1975 annähernd konstant bei gut 10% lag, fiel sie seither um fünf Prozentpunkte auf nur noch 5% zurück. Aufgrund der skizzierten Verschiebungen der Bevölkerungsstruktur geht diese Sparquote der Nichterwerbstätigen-Haushalte nun mit erheblich größerem Gewicht als früher in die Sparquote der Privathaushalte ein, was deren Rückgang seit Mitte der siebziger Jahre deutlich forciert hat.

Im Gegensatz dazu hat sich die Sparquote der Erwerbstätigen-Haushalte, zu denen sich die Selbständigen- und die Arbeitnehmer-Haushalte zusammenfassen lassen, seit 1975 nur relativ moderat um etwa zwei Prozentpunkte reduziert. Dies liegt entscheidend an der unverminderten Spartätigkeit der Selbständigen-Haushalte, auf die zwar nur ein relativ geringer Bevölkerungsanteil von rund 10% entfällt, deren Verhalten aber aufgrund ihres außerordentlich hohen Pro-Kopf-Einkommens eine große Bedeutung zukommt. Die stabile Sparquote dieser sozialen Gruppe stellt denjenigen Faktor dar, der einen noch stärkeren Rückgang der Sparquote der Privathaushalte insgesamt verhindert hat. Allerdings ging der Bevölkerungsanteil der Selbständigen-Haushalte seit Mitte der siebziger Jahre ebenso wie jener der Arbeitnehmer-Haushalte stark zurück mit der Konsequenz, daß die vergleichsweise stabile Sparquote der Erwerbstätigen-Haushalte allmählich an Gewicht für die Sparquote der Privathaushalte verlor.

Beide langfristigen Veränderungen der Bevölkerungsstruktur gehen zu Lasten der Sparquote; der Effekt der demographischen Entwicklung ist jedoch weniger gravierend als die Wirkung der Arbeitslosigkeit. Diese erschöpft sich nicht im drastischen Rückgang der Sparquote der Arbeitslosen-Haushalte, die aufgrund des zunehmenden Bevölkerungsanteils dieser Gruppe immer mehr Einfluß gewinnt, sondern wirkt auch indirekt – das heißt über ein verändertes Sparverhalten der anderen sozialen Gruppen – auf die Sparquote der Privathaushalte. Dabei setzen zwei Mechanismen ein:

- Zum einen ist nicht jeder Haushalt in der Lage, in Phasen der Erwerbslosigkeit auf ein zuvor angesammeltes Geldvermögen zurückgreifen zu können – sei es, daß die Haushaltsangehörigen bislang noch gar nicht oder nicht lange genug erwerbstätig gewesen sind, sei es, daß während des bisherigen Erwerbslebens keine Vorsorge für Zeiten eines verringerten Einkommens getroffen worden ist. Darüber hinaus ist die andere Alternative eines Entsparprozesses, die Kreditaufnahme, für Arbeitslosen-Haushalte wegen ihrer eingeschränkten Kreditwürdigkeit nur in geringem Maße gangbar. Infolgedessen sind zahlreiche Arbeitslosen-Haushalte auf Unterstützung aus dem Familienverbund angewiesen, was zu Lasten der Ersparnis der betreffenden Haushalte, etwa der Eltern, geht.
- Zum anderen sind zahlreiche Haushalte unmittelbar von Arbeitslosigkeit betroffen, die den Erwerbstätigen- oder den Rentner- und Pensionärs-Haushalten zugerechnet werden. Dies ist darin begründet, daß die Zuordnung eines Privathaushaltes zu den sozialen Gruppen sich nach dem überwiegenden Lebensunterhalt des Haushaltsvorstandes richtet[41] – unabhängig

---

[41] Vgl. K. Müller-Krumholz / R. Pohl (1984) S. 385.

davon, ob weitere Familienangehörige berufstätig oder arbeitslos sind[42]. Soweit erwerbswillige Haushaltsmitglieder keine Arbeitsstelle finden, bewirkt die Beschäftigungssituation eine Verringerung des Haushaltseinkommens und reduziert somit seine Ersparnis.

Tab. 11: Der Arbeitsmarkt

	Arbeitslose in 1.000	offene Stellen in 1.000
1950	1584	116
1951	1435	116
1952	1385	114
1953	1265	123
1954	1225	137
1955	935	200
1956	765	219
1957	668	217
1958	689	216
1959	480	284
1960	271	465
1961	181	552
1962	155	574
1963	186	555
1964	169	609
1965	147	649
1966	161	540
1967	459	302
1968	323	488
1969	179	747
1970	149	795
1971	185	648
1972	246	546
1973	273	572
1974	582	315
1975	1074	236
1976	1060	235
1977	1030	231
1978	993	246
1979	876	304
1980	889	308
1981	1272	208
1982	1833	105
1983	2258	76
1984	2266	88
1985	2304	110
1986	2228	154
1987	2229	171
1988	2242	189

Quellen: Statistisches Bundesamt (1989) S. 106; dasselbe (1986) S. 34 f; dasselbe (1976) S. 22 f; dasselbe (1973) S. 28.

Abb. 9: **Der Arbeitsmarkt**

- Arbeitslose und offene Stellen in 1000 -

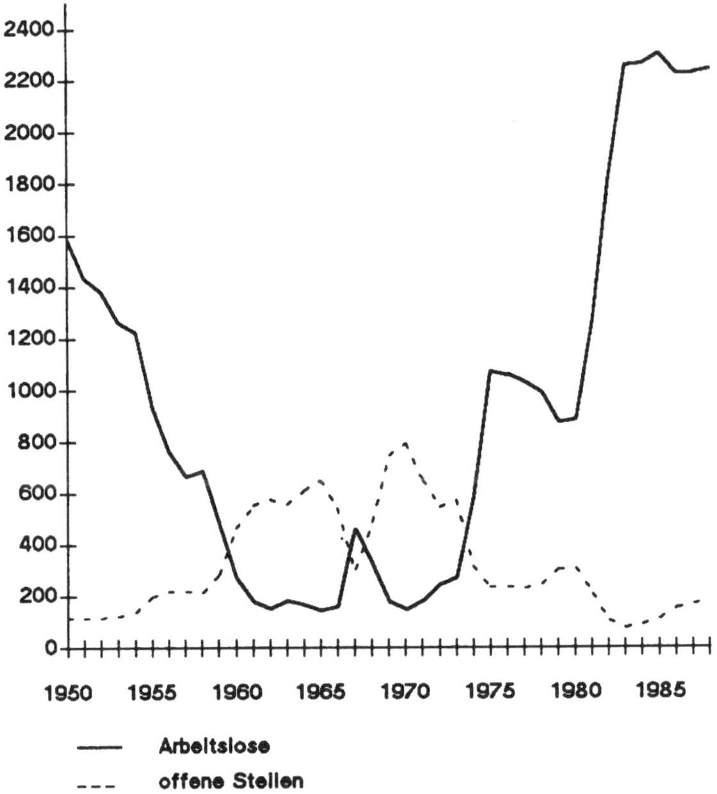

Quelle: Tab. 11, S. 83.

Beide skizzierten Mechanismen führen dazu, daß in Zeiten hoher Arbeitslosigkeit insbesondere die Sparquoten der Arbeitnehmer- sowie der Rentner-

[42] Auf diese Problematik weist die Diskrepanz zwischen dem Bevölkerungsanteil der Arbeitslosen-Haushalte und der Arbeitslosenquote hin: 1988 leben lediglich 2,9 % der Bevölkerung in Arbeitslosen-Haushalten, obwohl die Arbeitslosenquote 8,7 % beträgt. Zwar ist in Rechnung zu stellen, daß einerseits der geringe Bevölkerungsanteil der Arbeitslosen-Haushalte auf ihre unterdurchschnittliche Haushaltsgröße zurückzuführen ist und andererseits die Arbeitslosenquote deshalb so hoch erscheint, weil die Zahl der Arbeitslosen in Beziehung zur relativ schmalen Basis der abhängig Erwerbstätigen gesetzt wird. Dennoch ist offensichtlich, daß den Erwerbstätigen-Haushalten ebenso wie jenen der Rentner und Pensionäre in großem Umfang arbeitslose Mitglieder angehören.

und Pensionärs-Haushalte unter Druck geraten. Die Selbständigen dürften von diesem Problem weit weniger als andere betroffen sein, da ihnen regelmäßig Gelegenheit gegeben sein wird, beschäftigungslosen Familienmitgliedern eine Arbeitsstelle – möglicherweise im eigenen Unternehmen – zu verschaffen.

Seit Mitte der siebziger Jahre hat sich die Situation am Arbeitsmarkt dahingehend gewandelt, daß die Arbeitslosigkeit nicht mehr rein konjunkturbedingt ist, sondern in zunehmendem Maße als strukturelle Dauerarbeitslosigkeit auftritt (Tab. 11). Infolge des schwachen Wirtschaftswachstums äußert sich der Konjunkturzyklus auf dem Arbeitsmarkt nunmehr im wesentlichen darin, daß die Zahl der Erwerbslosen in der Rezession schubweise zunimmt, ohne in wirtschaftlichen Aufschwungsphasen entscheidend wieder zurückzugehen: So entsteht das Bild einer stufenförmig ansteigenden Arbeitslosigkeit (Abb. 9), das auffallend mit dem Rückgang der Sparquote korrespondiert.

3.2.1.2.3 Ergebnis

Mit Hilfe der Lebenszyklushypothese läßt sich das unterschiedliche Niveau der Sparquoten der verschiedenen sozio-ökonomischen Bevölkerungsgruppen erklären: Die Selbständigen weisen eine erheblich höhere Sparquote als die Arbeitnehmer auf, da sie keine Rentenansprüche aus der staatlichen Sozialversicherung erwerben und durch eigene Sparanstrengungen Vorsorge für ihr Alter treffen müssen. Die geringe Sparquote der Rentner und Pensionäre sowie die negative Sparquote der Arbeitslosen sind darauf zurückzuführen, daß in diesen Lebensabschnitten ein wesentlich geringeres Einkommen als während der Erwerbstätigkeit erzielt wird.

Die Relative Einkommenshypothese zeigt die Mechanismen auf, die bewirken, daß die zunehmende Einkommensdifferenzierung seit Mitte der siebziger Jahre einen Rückgang der Ersparnis nach sich zieht: Die Rolle des Konsumführers fällt den Selbständigen-Haushalten zu, die einerseits seit jeher das bei weitem höchste Einkommen aller privaten Haushalte aufweisen und deren Einkommensdynamik andererseits nach wie vor ungebrochen ist. Während die Selbständigen ihre außerordentlich hohe Sparquote permanent aufrecht erhalten, geht der Versuch der Angehörigen der anderen sozialen Gruppen, diese Konsumvorbilder zu imitieren, desto stärker zu Lasten ihrer Ersparnis, je geringer ihre Einkommenszuwächse ausfallen. Aus dem allmählichen Rückgang der Sparquoten dieser Gruppen resultiert das Absinken der Sparquote aller privaten Haushalte.

Schließlich wird dieser Prozeß in den letzten Jahren besonders dadurch forciert, daß die sozio-ökonomische Bevölkerungsstruktur sich sowohl durch die demographische Entwicklung, als auch durch die stufenweise zunehmende Massenarbeitslosigkeit zu Lasten der Erwerbstätigen-Gruppen mit strukturell höheren Sparquoten und zugunsten der Nichterwerbstätigen-Gruppen mit niedrigeren Sparquoten verschiebt[43].

3.2.1.3 Konjunkturelle Einkommensschwankungen als Determinante der Sparquote

3.2.1.3.1 Vorbemerkungen

Duesenberry's Relative Einkommenshypothese hat zwar den Vorzug, daß sie die Mechanismen sehr anschaulich macht, die – entgegen Keynes' Ansicht – einen Anstieg der Sparquote im Wirtschaftswachstum unterbinden, weist jedoch den Nachteil auf, das Sparverhalten im Konjunkturzyklus nur unzureichend zu erklären. Sie begründet die antizyklischen Schwankungen der Sparquote mit einem Einklinkeffekt: Die Haushalte passen ihr Anspruchsniveau zwar bei Einkommenssteigerungen rasch an den höheren Lebensstandard an, sind aber nicht bereit, bei schlechteren Einkommensverhältnissen ihren Verbrauch wieder einzuschränken. Nicht überzeugend erscheint einerseits die Annahme, daß Konsumgewohnheiten sich asymmetrisch und diskontinuierlich verändern, und andererseits die Aussage, daß ein einmal realisiertes maximales Einkommen seine Wirkung auf das Verbrauchsverhalten über unbestimmte Zeit unverändert beibehält, solange es nicht vom aktuellen Einkommen übertroffen wird.

Wesentlich einleuchtender erklären Brown und Friedman das antizyklische Verhalten der Sparquote im Konjunkturverlauf:

- In der „Habit Persistence"-Hypothese wird es auf ein Trägheitsmoment im Konsumentenverhalten zurückgeführt, das die Haushalte daran hindert, ihren Verbrauch durch abrupte Veränderungen vollständig an die Einkommensschwankungen anzugleichen. Stattdessen stellen ihre Konsumgewohnheiten sich in einem kontinuierlichen Anpassungsprozeß erst allmählich auf veränderte Einkommensverhältnisse ein. Auf diese Weise bleiben auch die Einkommen der Vergangenheit indirekt wirksam, wobei ihr Einfluß auf den aktuellen Konsum mit wachsendem zeitlichem Abstand nachläßt.
- In der Permanenten Einkommenshypothese resultiert es dagegen daraus, daß die Haushalte ihre Einkommensverwendung rational planen. Sie richten ihren Verbrauch an ihren Einkommenserwartungen aus, die sie für einen längerfristigen Zeithorizont bilden. Aus dieser Sicht erscheint es sinnlos, den Konsum an Einkommensschwankungen anzupassen, die als vor-

---

43 Interessanterweise zieht also nicht – entsprechend den Aussagen der Stagnationsthese – ein anhaltender Anstieg der Sparquote zunehmende Arbeitslosigkeit nach sich, sondern führt umgekehrt die steigende Erwerbslosigkeit zu einem Rückgang der Sparquote.

übergehend eingeschätzt werden. So zielt das Sparverhalten darauf ab, den Konsum über den Konjunkturzyklus hinweg zu verstetigen.

Gemeinsam ist beiden Ansätzen, daß die längerfristige Einkommensentwicklung für das Konsumverhalten maßgeblich ist. Der Unterschied liegt darin, daß die Konsumenten gemäß der Permanenten Einkommenshypothese bemüht sind, nach bestem Wissen rational über ihre Einkommensverwendung zu entscheiden, während sie bei der „Habit Persistence"-Hypothese der „Macht der Gewohnheit" unterliegen. Ihr Verhalten ist also im ersten Fall zukunfts-, im zweiten Fall hingegen vergangenheitsorientiert.

Auf diesen Aspekt soll in der folgenden Analyse des Sparverhaltens im Konjunkturverlauf besonders geachtet werden. In dieser Hinsicht kommt der Entwicklung des Konsumentenkredits große Bedeutung zu, denn die Sparquote ergibt sich als Differenz zwischen der Brutto-Sparquote und der Verschuldungsquote, deren Zusammenspiel im Laufe der Zeit auffälligen Veränderungen unterliegt (Tab. 6, Abb. 4)[44].

Bis in die späten sechziger Jahre ist die Verschuldungsbereitschaft der privaten Haushalte äußerst schwach ausgeprägt: Der Anteil neu aufgenommener Konsumentenkredite an ihrem verfügbaren Einkommen schwankt zumeist in relativ engen Grenzen um ein halbes Prozent herum; nur in vereinzelten Fällen wird ein Prozent erreicht oder überschritten[45]. Infolgedessen kann der Einfluß der Verschuldungsquote auf die Sparquote praktisch vernachlässigt werden; Sparquote und Brutto-Sparquote verlaufen annähernd zwei Jahrzehnte lang völlig synchron.

Dagegen kommt dem Konsumentenkredit seit dem Ende der sechziger Jahre ein signifikant höheres Gewicht zu: Bis zum Beginn der achtziger Jahre liegt die Verschuldungsquote fast immer – und in der Regel recht deutlich – über der 1%-Marke; zugleich weist sie eine erheblich größere Variabilität als früher auf. Entsprechend stark beeinflußt sie nunmehr den Verlauf der Sparquote, der zeitweise erkennbar von der Entwicklung der Brutto-Sparquote abweicht.

Die Möglichkeit der Kreditaufnahme wird von den privaten Haushalten vorwiegend für die Anschaffung langlebiger Gebrauchsgüter und die Finanzierung größerer Ferienreisen genutzt. Verglichen mit der Alternative, derartige Konsumausgaben über einen – unter Umständen langwierigen – Ansparprozeß zu finanzieren, erlaubt dieses Vorgehen den Haushalten, ihren Konsum zeitlich vorzuziehen und so ihre Bedürfnisse sofort zu befriedigen; erkauft wird dieser Zeitvorteil jedoch damit, daß für die Dauer der Kreditlaufzeit neben den Tilgungsleistungen erheblich größere Zinszahlungen zu erbringen

[44] Siehe oben S. 69f.

[45] In den Jahren 1959 und 1962 mit 1,3% bzw. 1,0%.

sind, als die Haushalte selbst während eines Ansparprozesses Zinserträge erzielen könnten.

Ein Charakteristikum der langlebigen Konsumgüter ist, daß die Haushalte relativ frei in der Wahl des Anschaffungszeitpunktes sind, was prinzipiell ebenso für die Terminierung teurer Urlaubsfahrten gilt. Besonders bei kreditfinanzierten Käufen und Reisen ist unmittelbar einsichtig, daß die Bereitschaft der Haushalte, ein solches Schuldverhältnis einzugehen, in besonders hohem Maße von ihrer Einschätzung der zukünftigen Einkommensentwicklung abhängt: Bei optimistischen Erwartungen wird sie sehr viel stärker ausgeprägt sein als bei einer pessimistischen Projektion. Infolgedessen ist die Verschuldungsquote verhältnismäßig zuverlässig als Indikator der Einkommenserwartungen interpretierbar.

Im folgenden soll der Einfluß des verfügbaren Einkommens und der Einkommenserwartungen auf das Sparverhalten der Haushalte im Konjunkturzyklus eingehend untersucht werden. Die einzelnen Konjunkturzyklen werden anhand der Tiefpunkte der Veränderungsraten des realen Bruttosozialproduktes je Einwohner voneinander abgegrenzt (Tab. 12, Abb. 10).

Die Sozialproduktsentwicklung übt nicht nur einen entscheidenden Einfluß auf das verfügbare Einkommen der Haushalte aus, das unmittelbar aus der Verteilung des Sozialproduktes resultiert, sondern ist auch eng mit der Arbeitsmarktsituation korreliert, die ihrerseits von erheblicher Bedeutung für die Einkommenserwartungen der Haushalte ist.

Das Erscheinungsbild der konjunkturellen Schwankungen des Sozialproduktes unterliegt offensichtlich einem Wandel, der durch zwei Entwicklungstendenzen geprägt ist, die das zyklische Grundmuster überlagern:

- Die realen Wachstumsraten zeigen längerfristig einen deutlich fallenden Trend.
- Bei der Betrachtung der Konjunkturbewegungen über einen längeren Zeitraum fällt auf, daß regelmäßig auf einen starken Aufschwung zunächst ein mäßiger Abschwung folgt, während der anschließende schwache Aufschwung schließlich in eine schwere Rezession mündet[46], wobei aufgrund der ersten Tendenz seit Mitte der sechziger Jahre stets ein absoluter Rückgang des Sozialproduktes eintritt. Dieses Muster ändert sich im Zeitablauf dahingehend, daß der zweite Aufschwung des Zyklenpaares sich immer mehr zurückbildet, so daß der ursprünglich noch deutlich erkennbare Doppelzyklus immer stärker zu einem einzigen zusammenwächst, dessen zeitliche Dauer sich zudem allmählich verkürzt.

[46] Dieses Muster gilt selbst für das erste Zyklenpaar, da zu berücksichtigen ist, daß die erste Aufschwungsphase in das Jahr 1950 fällt, für das noch keine Wachstumsrate berechnet werden kann.

Tab. 12: Reales Bruttosozialprodukt je Einwohner
- in Preisen von 1980 -

	in DM	Veränderungsrate in %
1950	6761	
1951	7307	8,1
1952	7907	8,2
1953	8501	7,5
1954	9008	6,0
1955	9969	10,7
1956	10593	6,3
1957	11074	4,5
1958	11385	2,8
1959	12125	6,5
1960	13025	7,4
1961	13446	3,2
1962	13867	3,1
1963	14160	2,1
1964	14960	5,6
1965	15607	4,3
1966	15859	1,6
1967	15819	-0,3
1968	16742	5,8
1969	17811	6,4
1970	18526	4,0
1971	18925	2,2
1972	19584	3,5
1973	20382	4,1
1974	20446	0,3
1975	20213	-1,1
1976	21488	6,3
1977	22111	2,9
1978	22894	3,5
1979	23774	3,8
1980	24124	1,5
1981	24080	-0,2
1982	23865	-0,9
1983	24403	2,3
1984	25306	3,7
1985	25860	2,2
1986	26442	2,3
1987	26904	1,7
1988	27650	2,8

Angaben für 1950 bis 1959 ohne Saarland und West-Berlin; deflationiert mit dem Preisindex des Bruttosozialproduktes.

Quellen: Statistisches Bundesamt (1989) S. 542; dasselbe (1985a) S. 77 u. 88; Tab. 3, S. 60; eigene Berechnungen.

Abb. 10: Reales Bruttosozialprodukt je Einwohner

- Veränderungsrate in % -

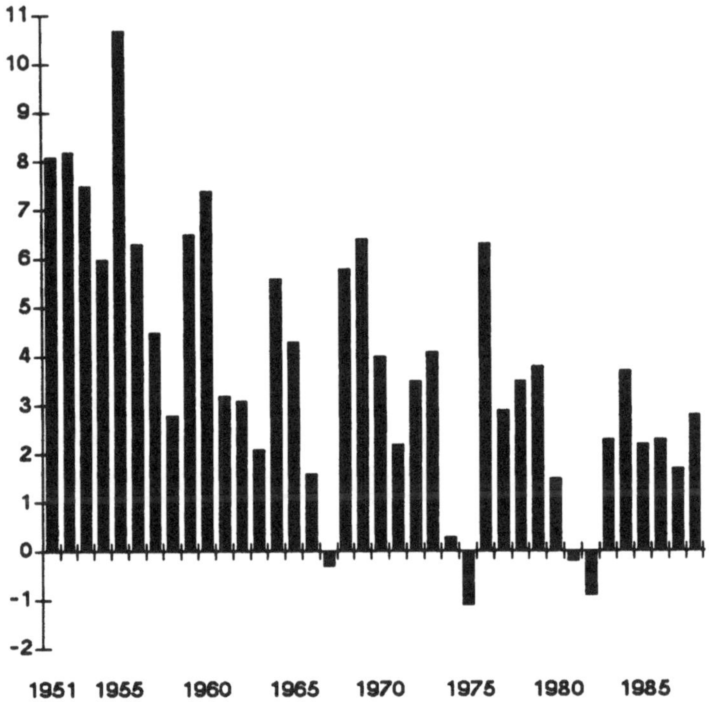

Quelle: Tab. 12, S. 89.

Diese charakteristische Formation eines von Mal zu Mal enger verschmelzenden Zyklenpaares wird in der folgenden Untersuchung als ein zusammengehöriger Konjunkturzyklus angesehen. Dies führt zur Abgrenzung von fünf Phasen: Die erste dauert von 1950 bis 1958, die zweite von 1959 bis 1967, die dritte von 1968 bis 1975 und die vierte von 1976 bis 1982. Der Beginn der fünften, derzeit noch anhaltenden Phase ist auf das Jahr 1983 zu datieren.

3.2.1.3.2 Das zyklische Verhalten der Sparquote

3.2.1.3.2.1 Die Jahre des „Wirtschaftswunders": 1950 - 1958

Bei dieser ersten Phase handelt es sich um die „Zeit des ‚Wirtschaftswunders'"[47]. Charakteristisch für diesen Zeitraum ist, daß das Wirtschaftswachstum sich selbst in den Tiefpunkten der konjunkturellen Entwicklung in den Jahren 1954 und 1958 mit Steigerungsraten von immerhin noch 6,0 bzw. 2,8 % fortsetzt, die Konjunkturschwankungen also lediglich in der Ausprägung sogenannter „Wachstumszyklen" auftreten (Abb. 11.) Die durchschnittliche jährliche Zunahme des realen Bruttosozialproduktes je Einwohner beläuft sich auf 6,7 %.

In diesem Zeitraum nimmt die Einwohnerzahl der Bundesrepublik Deutschland (ohne Saarland und West-Berlin), hauptsächlich durch den anhaltenden Bevölkerungszustrom aus den ehemals deutschen Gebieten des heutigen Polen sowie aus der DDR, von 47 auf 51 Mio. Menschen zu. Das rapide Wirtschaftswachstum ermöglicht nicht nur, den daraus resultierenden Anstieg der Erwerbspersonenzahl um mehr als drei Millionen zu absorbieren, sondern führt darüber hinaus zu einem kontinuierlichen Abbau der Arbeitslosigkeit von nahezu 1,6 Mio. im Jahre 1950 auf weniger als 700000 im Jahre 1957 (Abb. 12). Dies entspricht einem Rückgang der Arbeitslosenquote von 11,0 auf 3,7 %[48]. Erst im Rezessionsjahr 1958 gerät die Verbesserung der Beschäftigungssituation vorübergehend ins Stocken.

Das reale Verfügungseinkommen je Einwohner steigt mit durchschnittlich 7,5 % pro Jahr noch stärker als das Bruttosozialprodukt. Im Gegensatz zu den rhythmisch schwankenden Veränderungsraten des Sozialproduktes vermitteln jene des Einkommens jedoch eher ein diffuses Bild (Abb. 11). Während sie in den ersten Jahren den Konjunkturverlauf verzögert und etwas überzeichnend nachvollziehen, erfolgt im Jahre 1957, also inmitten der anhaltenden Abschwungsphase der Jahre 1955 - 58, eine Beschleunigung des Einkommenswachstums. Dieser Ausreißer ist im wesentlichen auf höhere Rentenzahlungen im Gefolge der Rentenreform[49], die den Übergang von der statischen zur dynamischen Altersrente bringt, zurückzuführen.

Die niedrige Sparquote von 3,2 bzw. 3,1 % in den Jahren 1950 und 1951 ist weitgehend durch die schwache Sparfähigkeit bei dem ausgesprochen geringen Pro-Kopf-Einkommen der Nachkriegszeit bedingt (Abb. 13). Hinzu kommt, daß der Ausbruch des Korea-Krieges im Juni 1950 in Deutschland gerade fünf Jahre nach dem Ende des Zweiten Weltkrieges eine Krisenstimmung ausbrechen läßt: Die verbreitete Befürchtung, der Krieg könne auf Europa übergreifen, löst aus Sorge um mögliche Güterverknappungen eine „Hamsterwelle" bei Konsumgütern aus, die die Spartätigkeit zeitweise völlig zum Erliegen bringt[50]. Die im folgenden Jahr noch vorherrschende Stagnation

[47] H. Schlesinger (1976) S. 555.

[48] Als Anteil der Arbeitslosen an den abhängigen Erwerbspersonen (ohne Soldaten). Vgl. Statistisches Bundesamt (1988) S. 111.

[49] Vgl. Deutsche Bundesbank – Geschäftsbericht (1957) S. 20 f.

[50] Vgl. Deutsche Bundesbank – Geschäftsbericht (1950) S. 6 f.
In diesem Verhalten läßt sich auch eine Substitution von Geld- durch Realkapitalbildung in Form von Vorratsinvestitionen erkennen.

Abb. 11: Einkommens- und Sozialproduktsentwicklung 1951-1958
- Veränderungsraten in % -

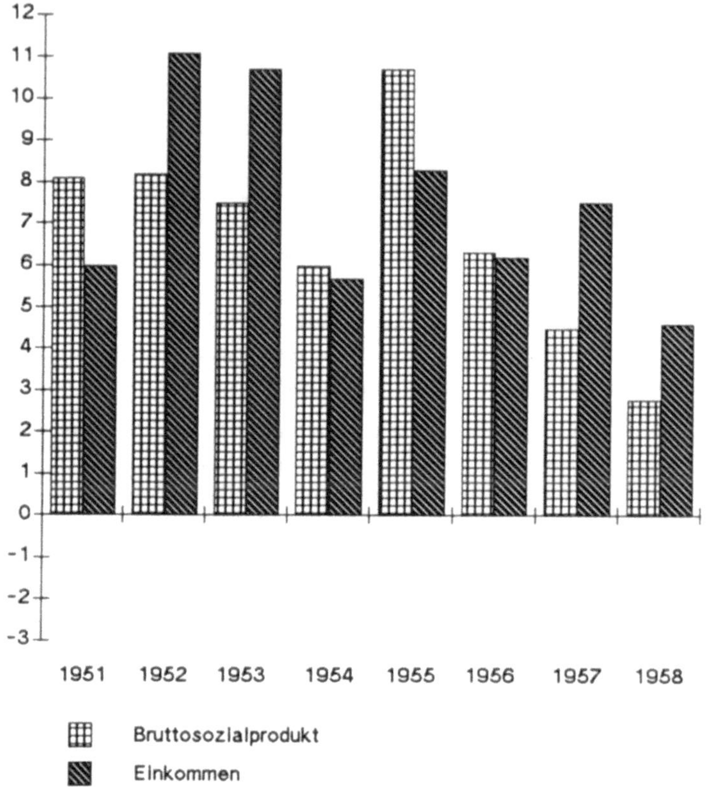

Quellen: Tab. 4, S. 63; Tb. 12, S. 89.

der privaten Ersparnis ist – neben der noch anhaltenden Kriegsfurcht – auch mit „Geldwertdefaitismus“[51] angesichts einer Preissteigerungsrate von 8,1%, die auf den Nachfragesog zurückzuführen ist, zu erklären.

In den beiden nächsten Jahren sind mit 11,1 und 10,7% die höchsten Wachstumsraten des pro Kopf verfügbaren Realeinkommens in der Geschichte der Bundesrepublik zu verzeichnen. 1952 sparen die Haushalte bei wieder weitgehend stabilem Preisniveau gut doppelt soviel wie im Vorjahr; die marginale Sparquote beträgt mehr als ein Viertel, und auch 1953 wird noch-

[51] Deutsche Bundesbank – Geschäftsbericht (1952) S. 7.

Abb. 12: Der Arbeitsmarkt 1950-1958

- Arbeitslose und offene Stellen in 1000 -

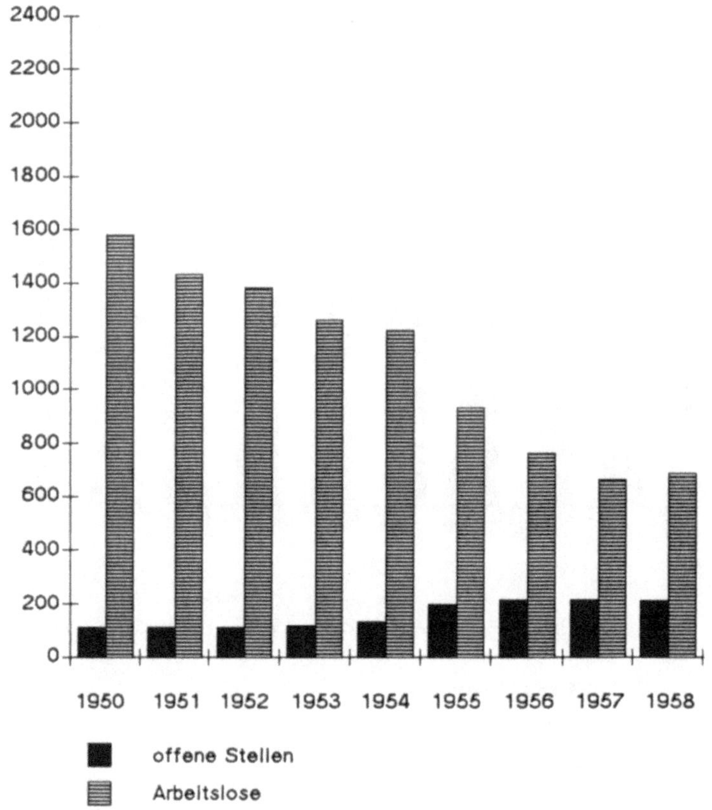

Quelle: Tab. 11, S. 83.

mals rund ein Sechstel des zusätzlichen Einkommens gespart. Damit steigt die Sparquote auf 5,7 bzw. 6,8%.

Während dieser Anstieg der Sparquote sich im folgenden Jahr trotz deutlich abnehmender Einkommenssteigerungen auf 7,4% fortsetzt, geht die Ersparnis 1955 und 1956 sogar dem absoluten Wert nach zurück, obwohl das Einkommen um 8,3 bzw. 6,2% ansteigt. Die Sparquote sinkt dementsprechend stark über 6,6 auf 5,6%. Eine unmittelbare Ursache für dieses außergewöhnliche Verhalten ist nicht erkennbar; die Suez-Krise, die im Juli 1956 ausbricht und „eine an die Zeit des Korea-Konflikts erinnernde Nervosität unter den

Abb. 13: Spar- und Verschuldungsquoten 1950-1958

- in % -

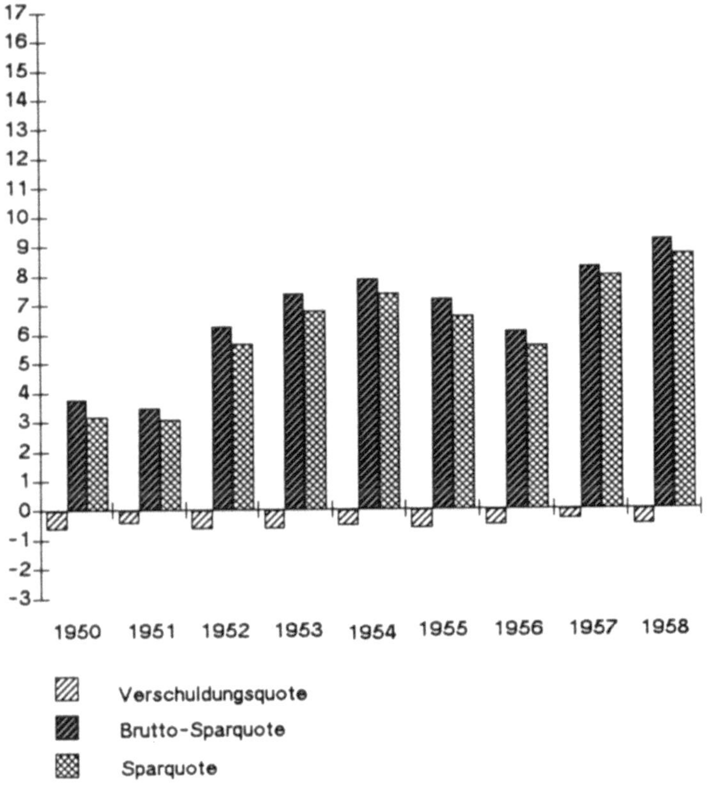

Quelle: Tab. 6, S. 69.

Sparern ausgelöst hatte"[52], trägt sicherlich zur Erklärung bei, liegt zeitlich aber zu spät, um allein auszureichen.

Gleichwohl zeigt die Spartätigkeit nach Überwindung der Suez-Krise genau dieselbe Entwicklung wie ein halbes Jahrzehnt früher nach der Korea-Krise: Die marginale Sparquote erreicht 1957 wiederum ein Viertel und im folgenden Jahr abermals ein Sechstel, so daß die Sparquote über 8,0% in 1957 – bei durch die Rentenreform erheblich gestiegenem Einkommen – auf 8,7% im Rezessionsjahr 1958 ansteigt.

[52] Deutsche Bundesbank – Geschäftsbericht (1957) S. 20.

Insgesamt nimmt die Sparquote in dieser Phase exorbitanter Einkommenssteigerungen von 3,2 auf 8,7 % zu. Dieser Verlauf entspricht genau den Aussagen von Keynes' – zu jener Zeit in der wirtschaftstheoretischen Literatur überwiegend längst als obsolet angesehenen – Absoluter Einkommenshypothese.

So eindeutig der steigende Trend der Sparquote zu erkennen ist, so wenig „theoriegerecht“ ist in diesem Zeitraum ihr zyklisches Verhalten: Während alle einschlägigen Hypothesen eine antizyklische Reaktion auf Schwankungen des verfügbaren Einkommens erwarten lassen, ist nichts derartiges festzustellen. Dies ist gewiß teilweise auf die mehr erratisch denn zyklisch schwankenden Wachstumsraten des Einkommens zurückzuführen. Darüber hinaus kommen mit der Korea- und der Suez-Krise zufällige Sondereinflüsse zum Tragen, die das Sparverhalten beeinflussen und eventuelle Regelmäßigkeiten stören.

3.2.1.3.2.2 Die Ära der Vollbeschäftigung: 1959 - 1967

Diese zweite Phase dauert von der Überwindung der Ende der fünfziger Jahre noch verbliebenen Arbeitslosigkeit bis zur ersten Nachkriegsrezession. Wird die Wiederaufbauphase als Zeit des Wirtschaftswunders bezeichnet, so lassen sich die daran anschließenden Jahre als Ära der Vollbeschäftigung charakterisieren.

Die Konjunkturbewegungen dieses Zeitraumes verlaufen ausgesprochen rhythmisch (Abb. 14). Unter vergleichsweise ausgeprägten Schwankungen – die am Ende dieser Periode erstmals in der Geschichte der Bundesrepublik Deutschland in eine Stagnation einmünden – erreichen die jährlichen Steigerungsraten des realen Bruttosozialproduktes je Einwohner einen Durchschnitt von 3,7 % und bleiben damit um drei Prozentpunkte hinter jenen der ersten Phase zurück.

Der konjunkturelle Aufschwung von 1959/60 reicht bereits aus, „die strukturelle Arbeitslosigkeit der Nachkriegsjahre endgültig aufzusaugen“[53]: Abgesehen vom Rezessionsjahr 1967, übersteigt danach die Anzahl der offenen Stellen mehr als ein Jahrzehnt lang die Arbeitslosenzahl (Abb. 15). Gleichzeitig bewirkt eine veränderte Altersstruktur der Bevölkerung, daß die Erwerbsquote zwischen 1959 und 1967 von 48 % auf weniger als 45 % zurückgeht[54].

Bei anhaltender Vollbeschäftigung wird der Arbeitskräftebedarf deshalb in zunehmendem Maße durch die Anwerbung ausländischer Arbeitnehmer gedeckt. Deren Anteil an den Erwerbspersonen überschreitet 1960 die 1 %-Grenze und erreicht 1966 einen vorläufigen Spitzenwert von knapp 5 %, was

---

[53] A. Oberhauser (1976) S. 611.
Zu diesem Ergebnis trägt aber zweifellos auch das Versiegen des Bevölkerungszustroms aus der DDR bei.
[54] Vgl. Statistisches Bundesamt (1976) S. 22 f.

Abb. 14: Einkommens- und Sozialproduktsentwicklung 1959-1967

- Veränderungsraten in % -

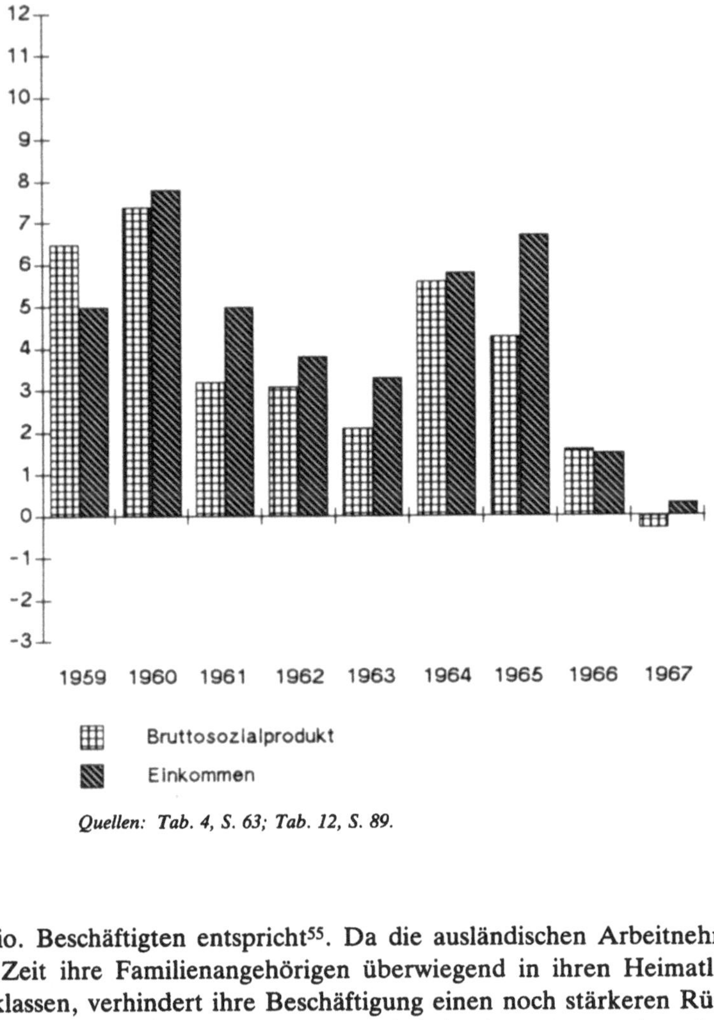

Quellen: Tab. 4, S. 63; Tab. 12, S. 89.

1,3 Mio. Beschäftigten entspricht[55]. Da die ausländischen Arbeitnehmer zu jener Zeit ihre Familienangehörigen überwiegend in ihren Heimatländern zurücklassen, verhindert ihre Beschäftigung einen noch stärkeren Rückgang der Erwerbsquote. Dieser Import von Arbeitskräften trägt zu einem höheren Wirtschaftswachstum – gemessen als reales Bruttosozialprodukt je Einwohner – bei, als unter den vorliegenden Bedingungen für eine geschlossene Volkswirtschaft erreichbar wäre, und ermöglicht letztlich eine Steigerung des Pro-Kopf-Einkommens über die sonst erreichbare Höhe hinaus.

[55] Vgl. ebenda S. 22 f.

Abb. 15: **Der Arbeitsmarkt 1959-1967**

- Arbeitslose und offene Stellen in 1000 -

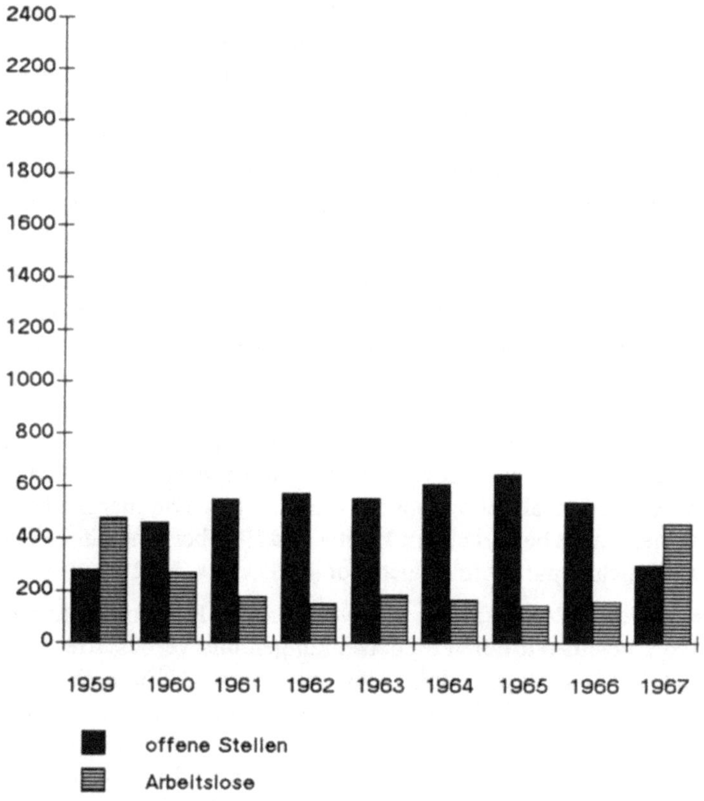

Quelle: Tab. 11, S. 83.

Das verfügbare Einkommen der Haushalte entwickelt sich weitgehend synchron mit dem Sozialprodukt (Abb. 14). Die einzige Ausnahme bildet das Jahr 1965, in dem die Wachstumsraten beider Größen sich gegenläufig verändern: Obwohl die Steigerungsrate des Sozialproduktes rückläufig ist, beschleunigt sich der Einkommenszuwachs. Wie bereits 1957, ist auch diese Divergenz auf eine Senkung der Einkommensteuersätze in Verbindung mit einer Verbesserung der staatlichen Sozialleistungen zurückzuführen[56]. Eine weitere Parallele zur ersten Phase liegt darin, daß das Realeinkommen mit

[56] Vgl. Deutsche Bundesbank – Geschäftsbericht (1965) S. 12.

durchschnittlich 4,3% pro Jahr deutlich stärker als das Sozialprodukt zunimmt. Auch dieser Wert fällt um gut drei Prozentpunkte unter die zuvor erreichte Größenordnung.

In den Aufschwungsjahren 1959/60 steigt der Konsum ebenso stark wie das Einkommen der Haushalte an, so daß die Sparquote nahezu unverändert bleibt[57] (Abb. 16). Erst im Abschwung von 1961 erhöht sie sich um einen halben Prozentpunkt auf 9,1%. Dies ist um so erstaunlicher, als der Bau der Berliner Mauer im Sommer dieses Jahres eine politische Krise auslöst, während der „die Verbraucher ... von einer gewissen Nervosität erfaßt"[58] werden: Noch in den fünfziger Jahren führen derartige Krisen, die einen Kriegsausbruch befürchten lassen, regelmäßig zu einer markanten Reduktion der Spartätigkeit.

Im Jahre 1962 stagniert die Ersparnis der privaten Haushalte bei weiter rückläufigen Einkommenssteigerungen. Die Sparquote sinkt dadurch zwar vorübergehend auf 8,6% ab, zieht aber bereits im folgenden Jahr stark an und erreicht im Tiefpunkt des ersten Zyklus einen Stand von 9,9%. Trotz der bislang geringsten Einkommenserhöhungen sparen die Haushalte mehr als ein Viertel dieses Zuwachses. Auch in den beiden folgenden Jahren, in denen ihr verfügbares Einkommen wieder deutlich stärker wächst, behalten die Haushalte dieses zurückhaltende Konsumverhalten bei: Die marginale Sparquote liegt 1964 nochmals bei gut einem Viertel und 1965 bei rund einem Fünftel; die durchschnittliche Sparquote erreicht somit 11,3 bzw. 12,2%.

Nachdem das Wachstum des real verfügbaren Pro-Kopf-Einkommens im Jahre 1965, begünstigt durch Steuersenkungen und verbesserte Sozialleistungen, noch 6,7% beträgt, erfolgt 1966 ein abrupter Einbruch auf nur noch 1,5%, der schließlich 1967 in die erste Rezession der Nachkriegszeit mit praktisch stagnierendem Realeinkommen mündet. In diesen beiden Jahren geht die reale Ersparnis je Einwohner um jeweils rund 3,5% gegenüber dem Vorjahr zurück, so daß die Sparquote sich über 11,6% auf 11,2% reduziert.

Insgesamt ist unverkennbar, daß der steigende Trend der Sparquote auch über diese zweite Phase hinweg anhält. Für diesen Zeitraum scheint sich also die Absolute Einkommenshypothese erneut zu bestätigen.

Allerdings entspricht das zyklische Verhalten der Sparquote in der ersten Hälfte des betrachteten Zeitraums nicht dem Bild, das diese Theorie erwarten läßt: Trotz ausgeprägter Einkommensschwankungen sind die jährlichen Veränderungen der Sparquote im Ausmaß gering und in der Richtung unsystematisch.

---

[57] Wie erwähnt, erreicht die Sparquote für das Gebiet der Bundesrepublik ohne Saarland und West-Berlin 1959 8,8% und 1960 8,9%. Wird der neue Gebietsstand einschließlich Saarland und West-Berlin zugrunde gelegt, beträgt die Sparquote von 1960 nur noch 8,6%. Siehe Tab. 1, S. 54.

[58] Deutsche Bundesbank – Geschäftsbericht (1961) S. 59.

Abb. 16: Spar- und Verschuldungsquoten 1959-1967

- in % -

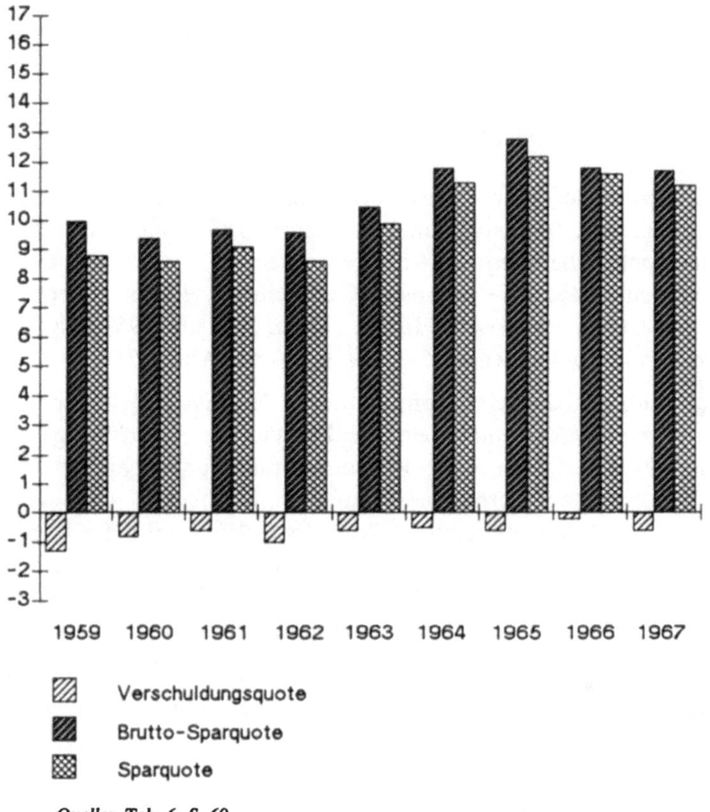

Quelle: Tab. 6, S. 69.

Anders dagegen in der zweiten Hälfte dieser Phase: Zwischen 1963 und 1967 reagiert die Sparquote deutlich antizyklisch auf die Veränderungen des verfügbaren Einkommens. Das Sparverhalten der Haushalte reflektiert ihr Bestreben, den Verbrauch gegenüber den konjunkturbedingten Einkommensschwankungen zu stabilisieren.

Dies gilt selbst für die Rezession von 1967. Zwar läßt dieser – in der erreichten Dimension völlig unerwartete – Konjunktureinbruch die Arbeitslosigkeit plötzlich bis auf einen Spitzenwert von 674000 Erwerbslosen im Februar 1967 ansteigen[59]. Aber die Gewöhnung, das vorherrschende Problem des Arbeits-

[59] Vgl. A. Oberhauser (1976) S. 625.

marktes in den sechziger Jahren im Arbeitskräftemangel – der selbst in der Konjunkturabkühlung von 1963 kaum spürbar nachläßt – zu sehen, bewirkt, daß eine anhaltende Unterbeschäftigung unvorstellbar erscheint[60]. So signalisiert der Umstand, daß das Sparverhalten auch in dieser Situation auf Konsumverstetigung ausgerichtet bleibt, daß die Haushalte mit einer baldigen Rückkehr auf den gewohnten Wachstumspfad und einer Normalisierung der Beschäftigungssituation rechnen.

3.2.1.3.2.3 Krisenmanagement durch Stabilisierungspolitik: 1968 - 1975

Die Rezession des Jahres 1967 wird rasch und nachhaltig überwunden. Getragen von stark zunehmenden Leistungsbilanzüberschüssen und gestützt durch finanzpolitische Konjunkturförderprogramme, die erstmals massiv eingesetzt werden, sowie eine expansive Geldpolitik[61], erfolgt ein regelrechter „Senkrechtstart aus der Krise“[62]: In den Jahren 1968 und 1969 steigt das reale Sozialprodukt je Einwohner um 5,8 bzw. 6,4% an (Abb. 17).

Danach vollzieht sich eine konjunkturelle Entwicklung, die präzise den Verlauf der zweiten Phase nachzeichnet: Der kräftige Aufschwung geht 1970/71 in eine vergleichsweise milde Konjunkturdämpfung über, die wiederum durch einen erneuten, verhaltenen Aufschwung abgelöst wird. Schließlich erfolgt, im Anschluß an die erste „Ölkrise“ von 1973, ein tiefer Konjunktureinbruch, der die Rezession von 1967 bei weitem übertrifft: Nachdem der Anstieg des Sozialproduktes im Jahre 1974 mit 0,3% bereits praktisch zum Stillstand kommt, tritt 1975 sogar ein realer Rückgang um 1,1% ein.

Trotz dieser Depression wird in der dritten Phase, bedingt durch das kräftige Wirtschaftswachstum am Ende der sechziger Jahre, noch eine durchschnittliche Steigerungsrate des realen Bruttosozialproduktes je Einwohner von 3,1% erreicht.

Der rasche Aufschwung von 1968/69 bringt auf dem Arbeitsmarkt eine vorübergehende Rückkehr zu den in der ersten Hälfte der Dekade gewohnten Verhältnissen. Bereits 1968 übertrifft die Anzahl der offenen Stellen wieder die Arbeitslosenzahl (Abb. 18). In den folgenden drei Jahren stellt sich eine erhebliche Überbeschäftigung ein: Während stets deutlich weniger als 200000 Arbeitslose registriert sind – womit die Arbeitslosenquote weit unter der 1%-Marke verharrt –, bleiben in der Spitze bis zu 800000 Arbeitsplätze unbesetzt. Dieser angespannten Situation auf dem Arbeitsmarkt wird durch verstärkte Anwerbung ausländischer Arbeitnehmer begegnet: Nachdem deren Anzahl im Rezessionsjahr 1967 noch um rund 300000 gegenüber dem Vorjahr auf

60 Vgl. D. Fricke (1985) S. 427.
61 Vgl. A. Oberhauser (1976) S. 625 - 630.
62 N. Kloten (1976) S. 645.

Abb. 17: Einkommens- und Sozialproduktsentwicklung 1968-1975

- Veränderungsraten in % -

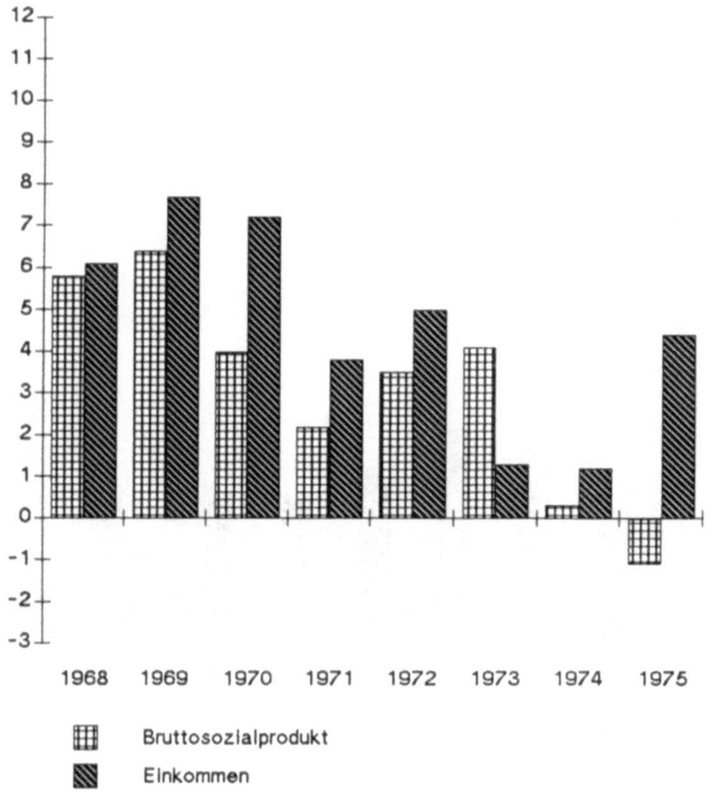

Quellen: Tab. 4, S. 63; Tab. 12, S. 89.

einen Stand von etwa einer Million abgesunken ist, erhöht sie sich nunmehr stetig und rapide, bis im Jahre 1973 ein Höchststand von annähernd 2,6 Millionen erreicht wird. Dies bedeutet, daß jeder zehnte Beschäftigte in der Bundesrepublik Deutschland ausländischer Nationalität ist.

Mit dem Eintritt der „Ölkrise“ kehrt die Problemlage am Arbeitsmarkt sich plötzlich um: Innerhalb von zwei Jahren reduziert sich die Beschäftigtenzahl um mehr als 1,1 Millionen. Berücksichtigt man den Rückgang der offenen Stellen um mehr als 300000, gehen in dieser Zeit nahezu eineinhalb Millionen Arbeitsplätze verloren. Besonders hart betroffen sind die ausländischen Beschäftigten, die – wie schon in der Rezession von 1967 – auch in kontrakti-

Abb. 18: **Der Arbeitsmarkt 1968-1975**

- Arbeitslose und offene Stellen in 1000 -

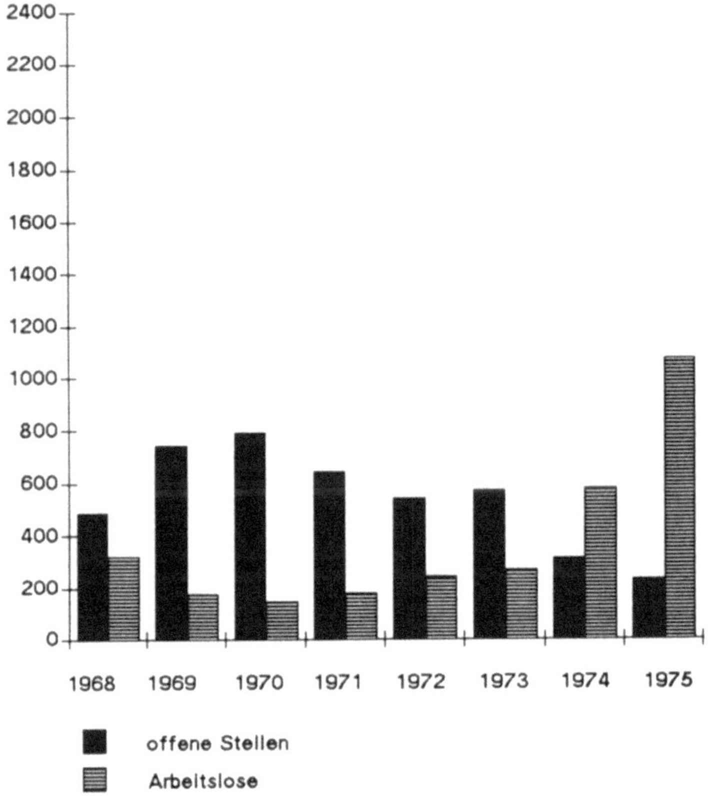

Quelle: Tab. 11, S. 83.

ver Richtung als Puffer auf dem Arbeitsmarkt fungieren: Ihre Anzahl geht um eine halbe Million zurück, jeder Fünfte wird also entlassen. Davon kehrt der überwiegende Teil in die Heimat zurück. Dennoch steigt die Arbeitslosenzahl in der Bundesrepublik rasch an und überschreitet im Jahre 1975, auf dem Tiefpunkt der konjunkturellen Entwicklung, erstmals nach zwei Jahrzehnten wieder die Millionengrenze.

In den ersten fünf Jahren dieser Phase verläuft die Entwicklung des real verfügbaren Pro-Kopf-Einkommens synchron mit der des Sozialproduktes; die Wachstumsraten beider Größen steigen und fallen stets gemeinsam (Abb. 17). Allerdings übertrifft der Einkommenszuwachs während diesen gesamten Zeitraums alljährlich den Sozialproduktsanstieg in erheblichem Umfang, wobei dieser Überhang 1970 sogar mehr als drei Prozentpunkte beträgt. Daran vermag auch ein zehnprozentiger, rückzahlbarer Konjunkturzuschlag zur Einkommensteuer[63], der erstmals von August 1970 bis Juni 1971 mit dem Ziel einer Dämpfung der akzelerierenden Inflation erhoben wird, nichts zu ändern.

Derartige fiskalpolitische Maßnahmen gewinnen erst in den folgenden Jahren an Bedeutung. So ist die im Jahre 1973 zu beobachtende Divergenz von Sozialprodukts- und Einkommensentwicklung – die Steigerungsrate des realen Verfügungseinkommens je Einwohner geht um 3,7 Prozentpunkte zurück, obwohl das Sozialprodukt stärker als im Vorjahr wächst – teilweise auf die Einführung eines zehnprozentigen Stabilitätszuschlags zur Einkommensteuer[64] zurückzuführen.

Im folgenden Jahr steigt das reale Verfügungseinkommen trotz der plötzlich eintretenden Stagnation des Sozialproduktes nochmals mit einer praktisch unveränderten Rate von 1,2 % an. Dies liegt daran, daß der kontraktive Einfluß der stark rückläufigen Beschäftigtenzahl überkompensiert wird durch extrem hohe Tariflohnsteigerungen[65], die selbst durch eine – in der Bundesrepublik seither nie mehr erreichte – Inflationsrate von 7,2 % nur teilweise aufgezehrt werden.

Schließlich sorgt im Depressionsjahr 1975 eine massive Senkung der Abgabenlast durch die zum Jahresanfang in Kraft tretende Einkommensteuerreform sowie die Einführung eines einheitlichen, einkommensunabhängigen Kindergeldes[66] dafür, daß trotz rückläufigen Sozialproduktes das real verfügbare Einkommen je Einwohner um 4,4 % ansteigt. Somit klaffen Sozialprodukts- und Einkommensentwicklung um 5,5 Prozentpunkte auseinander.

Über den ganzen achtjährigen Zeitraum gesehen, steigt das verfügbare Einkommen mit durchschnittlich 4,5 % um nahezu eineinhalb Prozentpunkte stärker als das Sozialprodukt.

---

[63] Dieser Konjunkturzuschlag betrifft Steuerpflichtige mit einer monatlichen Steuerschuld von mehr als 100 DM. Vgl. Sachverständigenrat (1970) S. 34.
Die Rückzahlung erfolgt zwischen Juni 1972 und März 1973.

[64] Dieser Stabilitätszuschlag wird im Rahmen zweier umfassender Stabilisierungsprogramme beschlossen. Im Februar ist vorgesehen, ihn bei Steuerpflichtigen mit einem Jahreseinkommen von mehr als 100000 DM (Ledige) bzw. 200000 DM (Verheiratete) zu erheben. Im Mai werden die Einkommensgrenzen drastisch auf 24000 bzw. 48000 DM gesenkt. Vgl. Sachverständigenrat (1973) S. 78; N. Kloten (1976) S. 663 f.

[65] Vgl. Sachverständigenrat (1974) S. 64 - 66.

[66] Bei dieser Neuregelung des Familienlastenausgleichs werden verschiedene bislang gewährte Leistungen wie Kinderfreibeträge, Kindergeld und Kinderzuschläge im öffentlichen Dienst durch ein Kindergeld von monatlich 50 DM für das erste, 70 DM für das zweite und 120 DM für jedes weitere Kind ersetzt. Vgl. Sachverständigenrat (1974) S. 91 f.

Die Sparquote behält ihren nach oben gerichteten Trend auch in dieser dritten Periode bei: Von 12,5% im Jahre 1968 nimmt sie kontinuierlich bis auf 15,1% im Jahre 1975 zu und erreicht damit ein Niveau, das sich später als historischer Höhepunkt erweist (Abb. 19). Trotz ihrer schwachen Ausprägung tritt der antizyklische Charakter der Schwankungen der Sparquote während der gesamten Zeit relativ deutlich hervor; das Sparverhalten bleibt also unverändert auf Konsumstabilisierung ausgerichtet.

Als außergewöhnlich wird oftmals angesehen, daß die Sparquote der privaten Haushalte in der Abschwungsphase von 1974/75 ansteigt und ausgerechnet im Depressionsjahr 1975 ihr Maximum erreicht. Bei ausschließlicher Betrach-

Abb. 19: Spar- und Verschuldungsquoten 1968-1975

- in % -

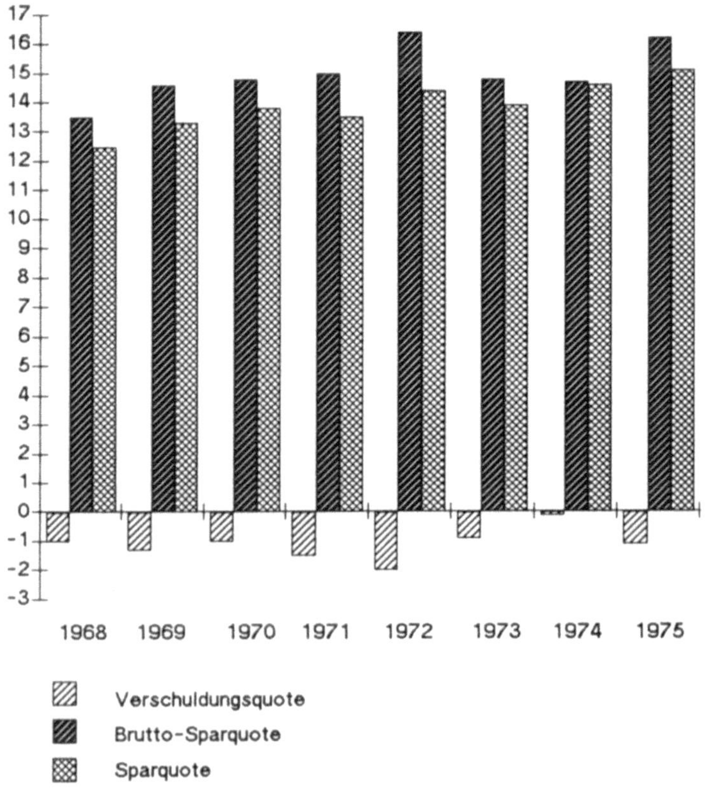

Quelle: Tab. 6, S. 69.

tung der Sparquote wird dann häufig ein – entgegen aller früheren Erfahrung – den Konjunkturverlauf destabilisierendes Konsumverhalten gefolgert.

Aus dieser Sicht müßte ebenso verwundern, daß die Sparquote auf dem zweiten Gipfel des Konjunkturzyklus im Jahre 1973 leicht zurückgeht, obwohl eigentlich ein Anstieg zu erwarten wäre.

Entscheidend für diese Auffälligkeiten ist, daß die Ersparnis der privaten Haushalte von ihrem verfügbaren Einkommen abhängt, nicht jedoch direkt vom Sozialprodukt. Der kritische Punkt liegt also im äußerst asynchronen Verlauf dieser beiden Größen zwischen 1973 und 1975, der – wie oben ausgeführt – darauf zurückzuführen ist, daß eine antizyklisch intendierte Finanzpolitik mittels steuerlicher Maßnahmen und Transferzahlungen die Entwicklung des verfügbaren Einkommens weitgehend vom Verlauf des Sozialproduktes abkoppelt.

Diese Diskrepanz ist im Depressionsjahr 1975 besonders ausgeprägt. Das verfügbare Realeinkommen je Einwohner steigt trotz des absolut rückläufigen Sozialproduktes um 4,4 % an, also um 3,2 Prozentpunkte stärker als im Vorjahr. Der private Konsum nimmt mit 3,8 % zwar wesentlich schwächer zu. Dennoch wirkt das Verbrauchsverhalten offensichtlich nicht kontraktiv, wie es die steigende Sparquote, für sich betrachtet, zu signalisieren scheint. Vielmehr stellt die Konsumnachfrage in der vorliegenden konjunkturellen Lage tatsächlich einen expansiven, zyklusdämpfenden Faktor dar.

Die private Ersparnis steigt mit 8,0 % erheblich stärker als der Verbrauch, so daß eine marginale Sparquote von gut einem Viertel erreicht wird. Dieser Wert ist für eine derartige Situation einer kräftig beschleunigten Einkommensentwicklung im historischen Vergleich keineswegs außergewöhnlich hoch; er ließe sich mit einer verzögerten Anpassung der Konsumpläne seitens der Haushalte an die unverhofft gestiegenen Einkommen im Sinne der „Habit Persistence“-Hypothese durchaus einleuchtend erklären.

Insofern wäre nicht zwingend, diesen Anstieg der Sparquote als „Angstsparen“ angesichts der plötzlich auftretenden Massenarbeitslosigkeit zu interpretieren. Diese Ansicht wird allerdings dadurch gestützt, daß bereits 1974, also unmittelbar nach der „Ölkrise“, sogar annähernd drei Viertel der Einkommenssteigerung zusätzlich gespart werden – selbst wenn diese Zahl wegen der schmalen Basis, die ein realer Einkommenszuwachs von nur 1,2 % abgibt, besonders vorsichtig zu werten ist.

Dies deutet darauf hin, daß der Ölpreisschock und die anschließende, tiefgreifende Rezession einen ganz besonderen Einschnitt im Konsumentenverhalten markieren: Das Vertrauen in den scheinbaren Automatismus eines ständig ansteigenden Wohlstands, das die – rasch überwundene – Rezession von 1967 noch nicht ernsthaft in Frage stellen konnte, wird nun nachhaltig erschüttert. Waren die Haushalte bislang wegen der nahezu permanent prosperierenden Wirtschaft der Notwendigkeit enthoben, sich konkrete Vorstellungen über die wirtschaftlichen Perspektiven zu bilden, tritt in dieser Krise die Unsicherheit der zukünftigen Einkommensentwicklung erst richtig als Problem in ihr Bewußtsein. Sie kommen nicht länger umhin, sich Klarheit über ihre Einkommenserwartungen zu verschaffen, und gelangen unter dem Eindruck der ungünstigen Konjunktur- und Arbeitsmarktlage zu einer recht pessimistischen Einschätzung; entsprechend hoch fällt ihre Ersparnis aus.

Dies bedeutet, daß die Haushalte eine Wendung von einem gewohnheitsbedingten Konsumverhalten hin zu einer rationalen, zukunftsorientierten Entscheidungsfindung, wie sie in der Permanenten Einkommenshypothese postuliert wird, vollziehen.

Diese Einschätzung wird untermauert durch die Entwicklung der Konsumentenkredite. Generell ist festzustellen, daß die Aufnahme von Konsumentenkrediten bis zur Rezession von 1967 unbedeutend ist und darüber hinaus auch kein regelmäßiges Muster erkennen läßt; entsprechend kann auch kein systematischer Einfluß auf die Sparquote identifiziert werden. Seit der Überwindung dieser Rezession gewinnt der Konsumentenkredit jedoch erheblich an Bedeutung: Zwischen 1968 und 1975 rangiert die Verschuldungsquote zumeist zwischen einem und zwei Prozent.

Die einzige Ausnahme, in der dieses Niveau klar unterschritten wird, fällt in das Jahr 1974[67]: Als sich im Anschluß an die „Ölkrise“ eine tiefe Depression anbahnt, werden von den Haushalten praktisch keine zusätzlichen Kredite aufgenommen; die Verschuldungsquote fällt auf 0,1 %.

Auch dies zeigt, daß die Haushalte sich auf ungünstige Einkommensperspektiven einrichten. Ihr Verbrauchsverhalten ist also weniger als früher an Konsumgewohnheiten orientiert, sondern stärker unter Berücksichtigung der erwarteten Einkommensentwicklung geplant.

Als im nächsten Jahr das verfügbare Einkommen wieder kräftig zu steigen beginnt, werden zwar vermehrt Konsumentenkredite in Anspruch genommen. Die Verschuldungsquote bleibt 1975 aber, trotz vergleichbarer Einkommenszuwächse, mit 1,1 % nur gut halb so hoch wie drei Jahre zuvor. In dieser noch immer relativ geringen Verschuldungsbereitschaft kommt eine anhaltende Skepsis der Konsumenten gegenüber der Dauerhaftigkeit der neuen Einkommensdynamik zum Ausdruck, die auf den weiterhin unverminderten Anstieg der Arbeitslosigkeit zurückzuführen ist.

Die zurückhaltende Kreditaufnahme der Haushalte in dieser Rezession trägt entscheidend dazu bei, daß die Entwicklung der Sparquote erst im Jahre 1975 ihr historisches Maximum erreicht: Die Brutto-Ersparnis nimmt bereits

---

[67] Diese Entwicklung bahnt sich bereits 1973 an, als die Verschuldungsquote sich auf nur noch 0,9 % – gegenüber 2,0 % im Vorjahr – beläuft.

1972 mit 16,4 % einen noch größeren Anteil des verfügbaren Einkommens ein als 1975 mit 16,2 %; erst die Saldierung mit der Verschuldungsquote verschiebt den Gipfel der Sparquote um drei Jahre.

Insgesamt entwickelt sich die Brutto-Sparquote zwischen 1972 und 1975 ausgeprägt antizyklisch, was zu einer Verstetigung des Verbrauchs beiträgt. Dagegen schwankt die Verschuldungsquote stark prozyklisch und wirkt somit eindeutig destabilisierend auf den Konsum[68]. Die Aggregation dieser beiden Größen zur Sparquote verschleiert ihr gegenläufiges Verhalten, das in diesem Vier-Jahres-Zeitraum erstmals so prägnant zu beobachten ist.

3.2.1.3.2.4 Das Scheitern der Globalsteuerung: 1976 - 1982

Der vierte Konjunkturzyklus beginnt – ganz ähnlich wie der vorhergehende – mit einem äußerst dynamischen Aufschwung: Aus der Rezession heraus wird im Jahre 1976 eine Wachstumsrate des realen Sozialproduktes je Einwohner von 6,3 % erreicht (Abb. 20). Anders als am Ende der sechziger Jahre ist diese Belebung der wirtschaftlichen Aktivität jedoch nicht von längerer Dauer. Bereits 1977 geht das Wirtschaftswachstum auf 2,9 % zurück. In den beiden folgenden Jahren beschleunigt es sich wiederum leicht mit Steigerungsraten von 3,5 und 3,8 %.

Im Anschluß an die zweite „Ölkrise“ bahnt sich mit dem Eintritt der achtziger Jahre eine drastische konjunkturelle Wende an. Zunächst kühlt das Wirtschaftswachstum sich auf eine Rate von 1,5 % ab. Danach verschärfen sich die rezessiven Tendenzen zu einer Depression, die jene von 1974/75 nochmals weit übertrifft: Nachdem das reale Sozialprodukt je Einwohner sich im Jahre 1981 bereits leicht um 0,2 % verringert, geht die Wirtschaftstätigkeit 1982 sogar um weitere 0,9 % zurück.

Insgesamt gleicht der konjunkturelle Rhythmus jenem des dritten Zyklus in ganz erstaunlicher Weise. Eine Modifikation ist nur insofern festzustellen, als die Expansionsphasen kürzer und schwächer ausfallen, die Depression jedoch, die das Ende des Zeitabschnitts markiert, noch dramatischere Ausmaße annimmt – sowohl was die Dauer, als auch was die Intensität angeht. Entsprechend liegt die durchschnittliche Steigerungsrate des realen Bruttosozialproduktes je Einwohner in diesen sieben Jahren mit 2,3 % um 0,8 Prozentpunkte niedriger als zuvor.

Am Arbeitsmarkt tritt von 1976 bis 1979 eine leichte Entspannung ein, ohne daß von einer nachhaltigen Besserung der Beschäftigungssituation gesprochen werden könnte: Die Arbeitslosenzahl geht um etwa 200 000 auf unter 900 000 zurück, während die Anzahl der offenen Stellen um ein Viertel auf rund

---

[68] Diese Einschätzung teilen D. Fricke (1985) S. 428 f sowie R. Döhrn (1984) S. 36 f.

Abb. 20: Einkommens- und Sozialproduktsentwicklung 1976-1982

- Veränderungsraten in % -

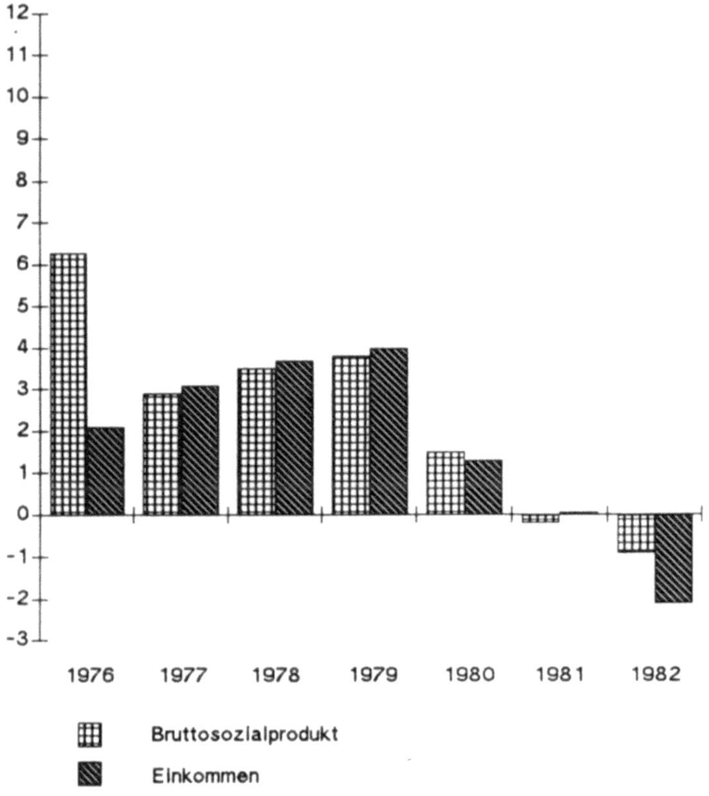

Quellen: Tab. 4, S. 63; Tab. 12, S. 89.

300 000 zunimmt (Abb. 21). Der Konjunkturrückgang des Jahres 1980 schlägt sich zunächst lediglich in einem Stillstand dieser Entwicklung nieder. In den nächsten beiden Jahren spitzt die Lage sich jedoch – völlig parallel zum Verlauf in der Depression von 1974/75 – gravierend zu: die Zahl der Erwerbslosen verdoppelt sich abrupt auf mehr als 1,8 Millionen bei gleichzeitigem Rückgang der offenen Stellen um zwei Drittel auf etwa 100 000.

Das real verfügbare Einkommen je Einwohner nimmt im Jahre 1976 lediglich um 2,1 % – und damit um mehr als vier Prozentpunkte schwächer als das Sozialprodukt – zu. Diese Diskrepanz ist auf den Basiseffekt der im Vorjahr

Abb. 21: **Der Arbeitsmarkt 1976-1982**

- Arbeitslose und offene Stellen in 1000 -

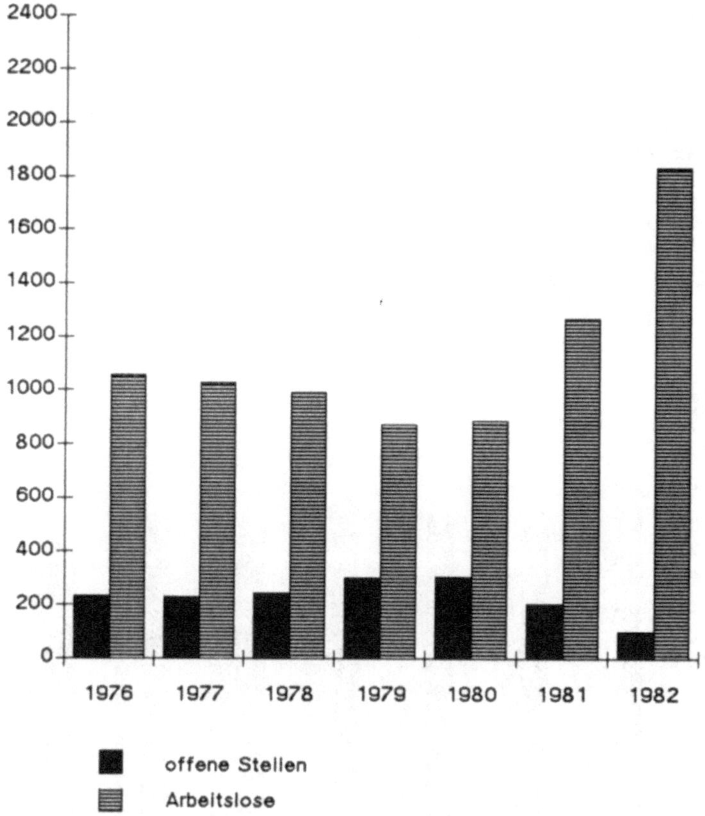

Quelle: Tab. 11, S. 83.

wirksam gewordenen Tarifreform der Einkommensteuer zurückzuführen, die das Einkommen um gut fünf Prozentpunkte mehr als das Sozialprodukt ansteigen ließ. Zwischen 1977 und 1981 weisen die Wachstumsraten beider Größen nur unwesentliche Differenzen auf. Erst auf dem Höhepunkt der Wirtschaftskrise im Jahre 1982 bricht das Realeinkommen mit einem Rückgang von 2,1 % noch erheblich stärker als das Sozialprodukt ein (Abb. 20).

Insgesamt wird in dieser vierten Phase eine durchschnittliche Steigerungsrate des realen Verfügungseinkommens pro Kopf von 1,7 % erreicht. Sie liegt erstmals unterhalb derjenigen des Sozialproduktes, und zwar – in Relation zum schwachen Wirtschaftswachstum – mit 0,6 Prozentpunkten recht deutlich.

Die vergleichsweise moderaten Einkommenssteigerungen drücken auf die Sparquote der privaten Haushalte: Sie variiert zwischen 12,0 und 13,5 % und bewegt sich damit auf einem Niveau, das um eineinhalb Prozentpunkte niedriger als in der ersten Hälfte der siebziger Jahre liegt (Abb. 22); der zuvor zweieinhalb Jahrzehnte lang kontinuierlich ansteigende Trend ist also gebrochen.

Innerhalb der vierten Phase ist weder eine eindeutig fallende Tendenz der Sparquote identifizierbar, noch läßt sich ein festes zyklisches Muster erken-

Abb. 22: Spar- und Verschuldungsquoten 1976-1982

- in % -

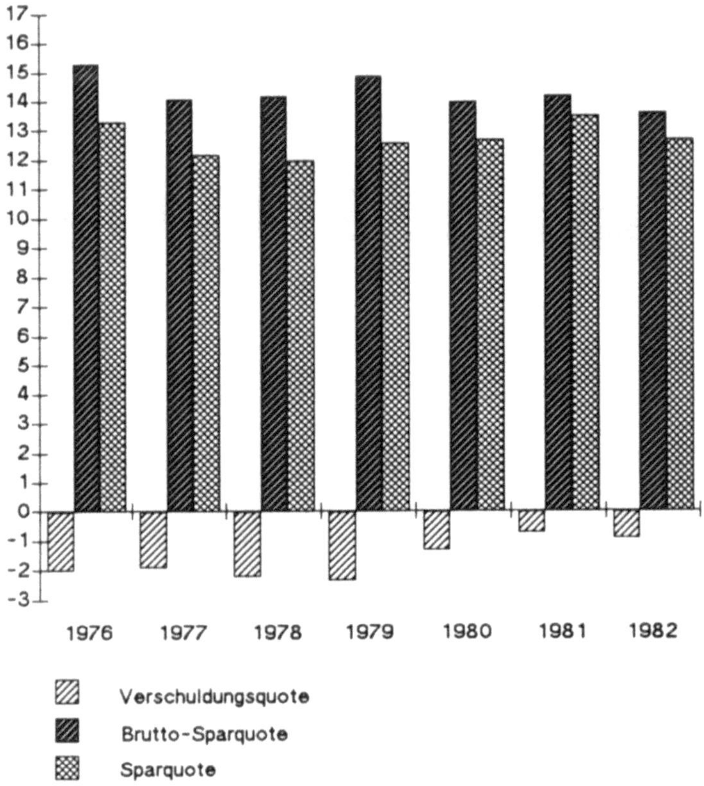

Quelle: Tab. 6, S. 69.

nen. Erst die Disaggregation der Ersparnis in Brutto-Ersparnis einerseits und Kreditaufnahme andererseits zeigt, daß die Brutto-Sparquote deutlich antizyklische Schwankungen aufweist, die das Bestreben der Haushalte zum Ausdruck bringen, ihren Konsum zu stabilisieren.

Dagegen weist die Bereitschaft der Haushalte, ihren Konsum durch Kreditaufnahme zu finanzieren, eine prägnante Zäsur auf: Zunächst nehmen die Haushalte zwischen 1976 und 1979 in großem Umfang Konsumentenkredite in Anspruch; die Verschuldungsquote liegt stets um 2%. Dies signalisiert, daß der Pessimismus der Jahre 1974/75 bezüglich der zukünftigen Einkommensentwicklung überwunden ist. Insbesondere trägt der Anstieg der Verschuldungsquote zum raschen Absinken der Sparquote nach 1975 bei.

Eine entgegengesetzte Wirkung tritt ein, als sich anfangs der achtziger Jahre nach der erneuten drastischen Ölpreiserhöhung wiederum eine Rezession anbahnt: Die Verschuldungsquote geht zunächst auf 1,3% zurück und reduziert sich in den nächsten Jahren, als die sich zuspitzende Beschäftigungssituation die Einkommensperspektiven immer stärker verdüstert, sogar auf 0,7 bzw. 0,9%. Diese prozyklisch wirkende, die Konsumnachfrage dämpfende Reaktion der Verschuldungsquote konterkariert die Abnahme der Brutto-Sparquote während dieser Jahre und verhindert dadurch einen weiteren Rückgang der Sparquote in den Jahren 1980 bis 1982.

3.2.1.3.2.5 Wirtschaftsaufschwung bei anhaltender Unterbeschäftigung: Seit 1983

Der wirtschaftliche Aufschwung, der auf die Depression von 1981/82 folgt, fällt – in scharfem Kontrast zu jenen von 1968 und 1976 – von Beginn an äußerst moderat aus: Die Steigerungsraten des realen Bruttosozialproduktes je Einwohner nehmen von 2,3% in 1983 auf 3,7% in 1984 zu. In den nächsten drei Jahren gehen sie wieder auf 2,2%, 2,3% und 1,7% zurück, ehe der Zuwachs sich 1988 mit 2,8 % wieder etwas beschleunigt (Abb. 23).

Das in diesen sechs Jahren erreichte Wirtschaftswachstum reicht nicht aus, den Arbeitsmarkt merklich zu entlasten. Ganz im Gegenteil, steigt die Arbeitslosigkeit 1982 auf mehr als 2,2 Mio. an und verharrt seither nahezu unverändert in dieser Höhe[69] (Abb. 24), was einer Arbeitslosenquote von etwa 9% entspricht. Lediglich bei den offenen Stellen ist eine leichte Besserung zu registrieren: Gegenüber dem Tiefststand, der 1983 mit nur 76 000 vakanten Arbeitsplätzen erreicht wird, steigt ihre Anzahl wieder bis auf das

[69] Immerhin liegt die Anzahl der Erwerbstätigen im Jahre 1988 um 352000 höher als 1982. Der Anstieg der Arbeitslosigkeit läßt sich also teilweise mit einer Zunahme der Erwerbspersonenzahl begründen. Vgl. Statistisches Bundesamt (1989) S. 92; dasselbe (1988) S. 100.

Abb. 23: Einkommens- und Sozialproduktsentwicklung 1983-1988
- Veränderungsraten in % -

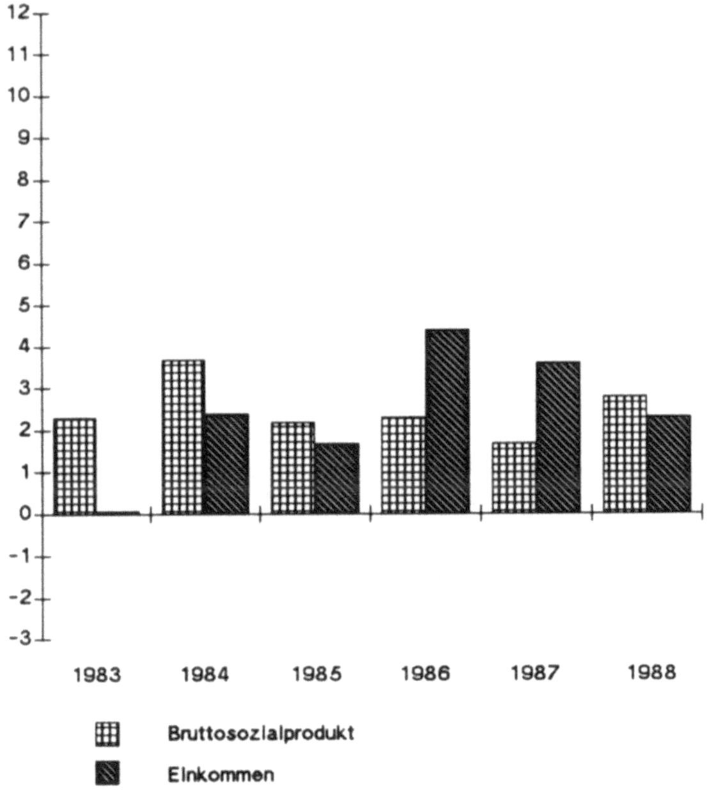

Quellen: Tab. 4, S. 63; Tab. 12, S. 89.

Zweieinhalbfache im Jahre 1988 an. Dies fällt angesichts einer Arbeitslosigkeit in immerhin noch 12-facher Höhe freilich kaum ins Gewicht.

Das verfügbare Einkommen entwickelt sich in dieser Zeit wegen umfassender finanzpolitischer Eingriffe anders als das Sozialprodukt. Nachdem das Einkommen 1983 noch völlig stagniert, bleiben die Steigerungsraten des realen Verfügungseinkommens je Einwohner auch in den beiden folgenden Jahren insbesondere aufgrund der Kürzung verschiedener staatlicher Transferzahlungen deutlich hinter denen des Wirtschaftswachstums zurück. Dagegen bewirken die Einkommensteuerreform von 1986 und die fortschreitende Sta-

Abb. 24: Der Arbeitsmarkt 1983-1988

- Arbeitslose und offene Stellen in 1000 -

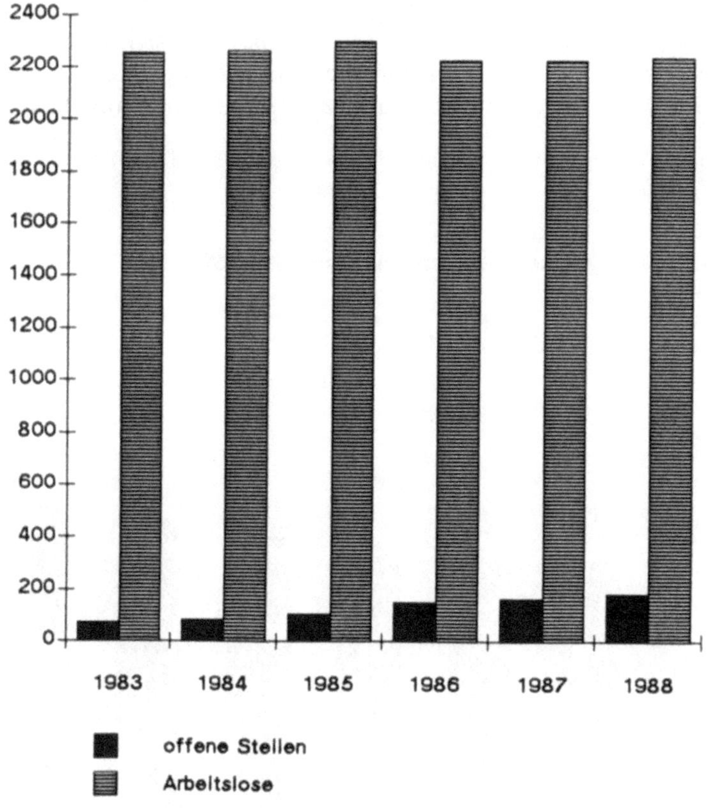

Quelle: Tab. 11, S. 83.

bilisierung des Preisniveaus eine reale Einkommenserhöhung, die 1986 mit 4,4% und 1987 mit 3,5% jeweils um zwei Prozentpunkte über die Zunahme des Sozialproduktes hinausgeht. Erst 1988 gleicht sich die Einkommensentwicklung wieder stärker an diejenige des Sozialproduktes an (Abb. 23).

Den geringen Einkommenszuwächsen entsprechend, fällt die Sparquote nochmals deutlich unter das in der vorherigen Phase erreichte Niveau. 1983 erreicht sie mit 10,8% einen Wert, der zuletzt Mitte der sechziger Jahre zu beobachten war (Abb. 25). In den nächsten beiden Jahren liegt sie mit jeweils

11,4% nur geringfügig höher; erst der kräftige Einkommensanstieg der Jahre 1986/87 läßt sie wieder auf 12,2% und 12,3% ansteigen. Schließlich bringt das Jahr 1988 eine weitere Erholung der Sparquote auf 12,6%. Insgesamt reagiert die Sparquote wiederum antizyklisch, also konsumstabilisierend.

Die Bereitschaft zur Aufnahme von Konsumentenkrediten bleibt in diesen sechs Jahren aufgrund der anhaltenden Massenarbeitslosigkeit eher gering; sie weist auch kaum Schwankungen auf. Die Verschuldungsquote übt infolgedessen keinen nennenswerten Einfluß auf den Verlauf der Sparquote aus.

Abb. 25: Spar- und Verschuldungsquoten 1983-1988

- in % -

Quelle: Tab. 6, S. 69.

3.2.1.3.3 Ergebnis

Die Analyse des Sparverhaltens im Konjunkturzyklus zeigt, daß die Sparquote bislang stets antizyklische Schwankungen aufweist, in der Hochkonjunktur also ansteigt und in der Rezession absinkt. Nach wie vor ist der Konsum der privaten Haushalte eine konjunkturstabilisierende Komponente der gesamtwirtschaftlichen Nachfrage.

Eine Wandlung ist jedoch hinsichtlich der Beweggründe des Konsumentenverhaltens zu konstatieren. Bis in die siebziger Jahre hinein reflektiert die Stetigkeit der Haushalte – in völliger Übereinstimmung mit der keynesianischen Theorie – ihre Trägheit bei der Anpassung ihrer Konsumgewohnheiten an die Einkommensentwicklung. Einen Wendepunkt markiert die „Ölkrise“ des Jahres 1973 und die darauf folgende, tiefe Rezession, mit der sich die Beschäftigungssituation abrupt umkehrt: Nach vielen Jahren des Arbeitskräftemangels als Ergebnis einer mehr als zwei Jahrzehnte lang prosperierenden Wirtschaft tritt plötzlich und unerwartet erhebliche Arbeitslosigkeit auf, die fortan das vorherrschende Problem des Arbeitsmarktes darstellt. Dies rückt die Unsicherheit der zukünftigen Einkommensentwicklung ins Bewußtsein der Haushalte. Seither gewinnen die Einkommenserwartungen größere Bedeutung für das Sparverhalten, das sich nun eher als rationale, zukunftsorientierte Entscheidung über die Einkommensverwendung im Sinne der Normaleinkommenshypothesen präsentiert.

3.2.2 Die Rentabilität des Sparens

3.2.2.1 Vorbemerkungen

Neben der Analyse der Wirkungen, die die – tatsächliche und erwartete – Einkommensentwicklung auf das Sparverhalten ausübt, ist zu untersuchen, inwieweit die Sparquote durch die Rentabilität des Sparens beeinflußt wird. Dabei ist in erster Linie die Bedeutung des Zinses für die Einkommensverwendung der Haushalte zu klären; aber auch die Entwicklung der Wertpapierkurse und die staatliche Sparförderung sind zu berücksichtigen.

In empirischen Untersuchungen der jüngeren Zeit wird ein Einfluß des Zinsniveaus auf die Sparquote einhellig negiert, wobei in der Regel jedoch sehr vorsichtige Formulierungen gewählt werden. Durchaus typisch sind etwa die Äußerung, „daß die Korrelation zwischen Zins und Ersparnis kaum eindeutig ausgeprägt ist“[70], oder die – noch etwas zurückhaltendere – Aussage, daß „ein direkt wirkender Einfluß des Zinsniveaus auf die Geldvermögensbildung ... nach Erkenntnissen der wirtschaftswissenschaftlichen Forschung

[70] G. Zeitel (1986) S. 881.

nicht nachgewiesen werden“[71] kann. Derartig vorsichtige Einschätzungen reflektieren eine Unsicherheit, die daraus resultiert, daß sich „bei genügend weitem theoriegeschichtlichen Horizont und genügend umfassendem zeitlichen und örtlichen Rahmen der zu betrachtenden Gesellschaftswirklichkeiten ... über die Wirkungen von Zinsänderungen auf das Sparangebot ... nichts Gewisses aussagen“[72] läßt.

In den makroökonomischen Konsumhypothesen wird der Zins als Determinante der Sparquote recht ambivalent und insgesamt eher als von untergeordneter Bedeutung für das Sparverhalten eingeschätzt.

Keynes setzt sich noch differenziert mit diesem möglichen Zusammenhang auseinander, kommt jedoch zu dem Ergebnis, daß ein direkter Einfluß des Zinses auf die Sparneigung weitgehend ausgeschlossen werden könne; allerdings sei ein indirekter Einfluß über die induzierten Wertänderungen des Geldvermögens durchaus vorstellbar. Dieser Wirkungsmechanismus bleibt freilich beschränkt auf die Vermögensanlage in festverzinslichen Wertpapieren, die allein zinsbedingten Kursschwankungen unterliegen.

Hingegen wird der Zins in den Konsumfunktionen der späteren, in der keynesianischen Tradition stehenden Autoren – Smithies, Tobin, Duesenberry und Brown – völlig vernachlässigt.

Im Gegensatz zu diesen Ansätzen spricht Friedman den Zins ausdrücklich als Bestimmungsgröße der Sparquote an; er unterläßt es aber, seinen Einfluß näher zu spezifizieren. Da die Permanente Einkommenshypothese nichts anderes als eine makroökonomische Weiterentwicklung der neoklassischen Theorie darstellt, läßt sich diese Lücke durch deren Aussagen zum Zinseinfluß schließen: Steigende Zinsen verbilligen den zukünftigen Konsum in Relation zum gegenwärtigen und regen deshalb die Haushalte zu stärkerem Sparen an; sinkende Zinsen dämpfen hingegen ihre Sparneigung.

In diesem Sinne unterstellt auch Friedman implizit eine positive Abhängigkeit der Ersparnis vom Zins. Der auf den ersten Blick verwunderliche Umstand, daß er dieses Problem nicht weiter verfolgt, ist wohl in der betont langfristigen Ausrichtung der Permanenten Einkommenshypothese begründet: Aus dieser Sicht mögen kurz- und mittelfristige Schwankungen um ein

---

[71] H. Geiger (1986) S. 617.
Fricke wagt die Hypothese, daß „die Sparquote ... von Zinssatzvariationen unterhalb einer bestimmten Reizschwelle unabhängig (ist); diese Reizschwelle liegt heute weit über der Höhe eines Zinsfußes von 10%, der heute in etwa die Obergrenze der unter normalen Umständen realisierbaren Zinssätze darstellt.“ D. Fricke (1972) S. 137.
Die Bedeutung, die Zinsniveau und -struktur für die jeweils gewählten Formen der Geldvermögensbildung zukommt, ist hingegen unbestritten und vielfach eingehend untersucht worden.

[72] E. Streißler (1986) S. 3.

Zinsniveau, das – anders als das Einkommen – säkular keinen eindeutigen Trend aufweist, nicht der Beachtung wert erscheinen[73].

Soweit ein Nachweis einer signifikanten Abhängigkeit der Sparquote von der Zinsentwicklung gelänge, wäre dies somit als Bestätigung der Permanenten Einkommenshypothese zu interpretieren[74].

3.2.2.2 Aspekte des Rentabilitätseinflusses auf das Sparverhalten

3.2.2.2.1 Die Zinsschwankungen

Während der sechziger und anfangs der siebziger Jahre ist kein systematischer Zusammenhang von Sparquote und Zinsniveau – gemessen an der Umlaufsrendite festverzinslicher Wertpapiere sowie der Verzinsung von Spareinlagen mit gesetzlicher Kündigungsfrist – zu erkennen. Dies ändert sich im Verlauf des Jahres 1973: Für eine Dauer von etwa zehn Jahren entwickeln sich nunmehr beide Größen weitgehend parallel (Abb. 26). Um das Jahr 1983 geht diese Phase zu Ende; seither verzeichnet die Sparquote einen leichten Anstieg, während die Zinsen deutlich zurückgehen.

Die zehnjährige Periode eines synchronen Verlaufs von Zins und Sparquote kann aber nur sehr bedingt als Beleg der These gewertet werden, daß höhere Zinsen das Sparen attraktiver machen, niedrigere Zinsen hingegen die Sparneigung dämpfen: Während die neoklassische Theorie eine derartige Wirkung dem Realzins zuspricht, wird hier der Nominalzins beobachtet. Diese beiden Größen wären jedoch nur im Fall einer dauerhaften Konstanz des Preisniveaus identisch.

Tatsächlich ist aber nahezu der gesamte Untersuchungszeitraum – mit Ausnahme der jüngsten Vergangenheit – geprägt durch einen anhaltenden, mehr oder weniger schnell verlaufenden Prozeß der Geldentwertung, der den Sparern Inflationsverluste zufügt, während er den Kreditnehmern Inflationsgewinne beschert. Dieser Verteilungseffekt des Inflationsprozesses wird dadurch kompensiert, daß die nominale Verzinsung höher liegt als der durch realwirtschaftliche Faktoren sowie die Knappheitsverhältnisse an den Finanzmärkten determinierte Realzins. Wenn untersucht werden soll, inwieweit das reale Zinsniveau einen Einfluß auf das Sparverhalten der Haushalte ausübt, sind die statistisch ausgewiesenen Nominalzinsen um diese „Inflationskomponente"[75] zu bereinigen.

---

[73] Darüber hinaus dürfte Friedman die Zinsproblematik als bereits von den Theoretikern der Neoklassik ausdiskutiert angesehen haben.

[74] So betrachten auch Francke / Friedrich einen Einfluß des Zinses auf das Sparverhalten als Indiz für die Gültigkeit der Permanenten Einkommenshypothese. Siehe H.H. Francke / D. Friedrich (1985) S. 93 - 98.

[75] W. Ehrlicher (1980) S. 100.

Abb. 26: **Sparquote und Nominalzins**

- in % -

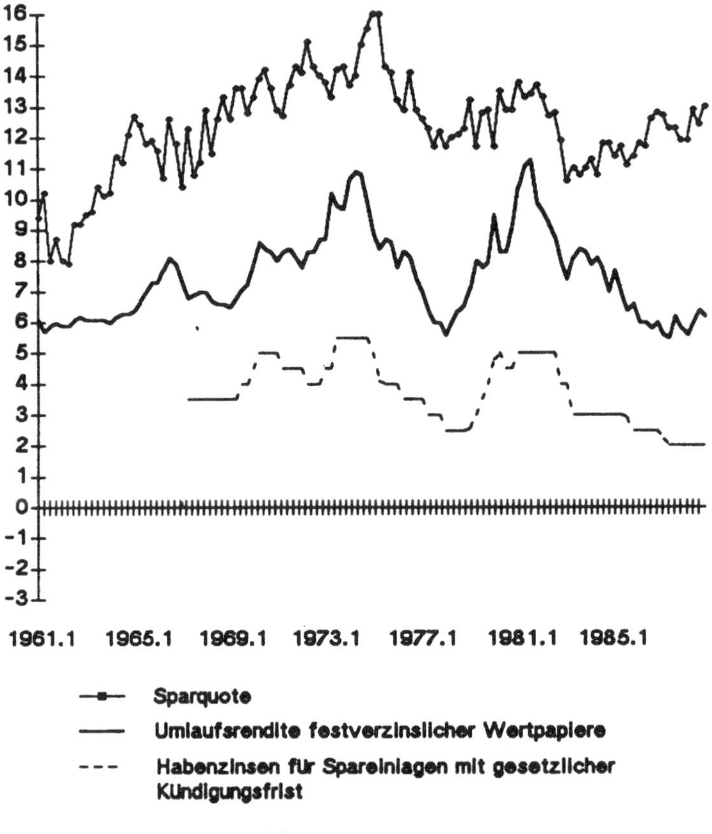

Quelle: Anhang, S. 143ff.

Dabei tritt das Problem auf, die Inflationskomponente zu quantifizieren, denn für die Sparentscheidung ist nicht eine vergangene oder die aktuelle Preissteigerungsrate, sondern die zukünftig erwartete Geldentwertung relevant[76]. Ganz abgesehen davon, daß die Inflationserwartungen zwischen den Haushalten erheblich differieren werden – zumal sie bei ihren individuellen Sparentscheidungen unterschiedliche Zeithorizonte vor Augen haben, für die sie die Entwicklung des Preisniveaus abzuschätzen versuchen –, besteht die

[76] Vgl. ebenda S. 100 f.

grundsätzliche Schwierigkeit empirischer Untersuchungen darin, daß derartige Erwartungsgrößen nicht beobachtet werden können[77].

Zwar gilt sicherlich, daß die Inflationserwartungen entscheidend von der aktuellen Preissteigerungsrate geprägt werden; darüber hinaus dürfte in der Regel von Bedeutung sein, ob die Inflationsrate zu- oder abnimmt, akzeleriert oder dezeleriert. Mit zunehmender Inflationserfahrung wird diese adaptive Erwartungsbildung der Haushalte durch rationale Momente ergänzt oder gar ersetzt, so daß auch Wendepunkte des Inflationsverlaufs vorhergesehen werden können. Es ist jedenfalls davon auszugehen, daß die vorherrschende Form der Erwartungsbildung mit der Dauer des Inflationsprozesses allmählichen Wandlungen unterliegt, deren jeweilige konkrete Ausprägung dem außenstehenden Beobachter weitgehend verschlossen bleibt[78].

Gleichwohl behilft man sich in der Praxis üblicherweise mit der ebenso einfachen wie „populären Formel ‚Realzins gleich Nominalzins minus Inflationsrate'“[79], identifiziert also die – prinzipiell ex ante erwartete – Inflationskomponente mit der ex post realisierten Preissteigerungsrate. Tatsächlich entwickeln sich die Nominalzinsen mit einer unverkennbaren Parallelität zur aktuellen Inflationsrate (Abb. 27), was diese pragmatische Vorgehensweise doch als einigermaßen gerechtfertigt erscheinen läßt[80].

Berücksichtigt man diesen Zusammenhang zwischen nominalem Zinsniveau und Preissteigerungsrate, läßt sich das Auseinanderdriften von Nominalzins und Sparquote in den letzten Jahren zurückführen auf die fortschreitende Stabilisierung des Preisniveaus, die in diesem Zeitraum erreicht wird: Die Inflationsrate, die 1982 noch 5% beträgt, bildet sich rasch zurück, bis der Inflationsprozeß im Jahre 1986 vorübergehend praktisch zum Stillstand kommt.

Unter dem Eindruck dieses Stabilisierungsprozesses, in dessen Verlauf die seit langem vorherrschende Inflationsmentalität gebrochen wird, geben die Nominalzinsen deutlich – wenn auch nicht im vollen Umfang der Inflationsde-

---

77 In der theoretischen Sicht stellt sich der Zusammenhang zwischen nominalen und realen Zinsen völlig problemlos dar. Gemäß Irving Fisher's „Realzinstheorem“ setzt der Nominalzins sich zusammen „aus dem erwarteten Realzins, der erwarteten Preisveränderungsrate und der erwarteten Geldwertänderung der Realzinszahlungen“. W. Gebauer (1981) S. 15.

Die Haushalte antizipieren die künftige Preissteigerungsrate mit vollkommener Voraussicht, können sich also nicht irren und bilden somit auch identische Inflationserwartungen. Vgl. W. Gebauer (1981) S. 11.

78 So verzichten Francke / Friedrich konsequenterweise auf eine Inflationsbereinigung des Nominalzinses mit der Begründung, daß „die Länge der Untersuchungsperiode sehr unterschiedliche Realzinsorientierungen der privaten Haushalte vermuten läßt“. H.-H. Francke / D. Friedrich (1985) S. 93.

79 W. Gebauer (1981) S. 16; vgl. auch W. Ehrlicher (1980) S. 100.

80 Auffallend ist, daß der Spareckzins von den frühen siebziger Jahren bis ins Jahr 1982 hinein ständig – und zeitweise ganz erheblich – von der Preissteigerungsrate übertroffen wird.

Abb. 27: Nominalzins und Geldentwertung

- in % -

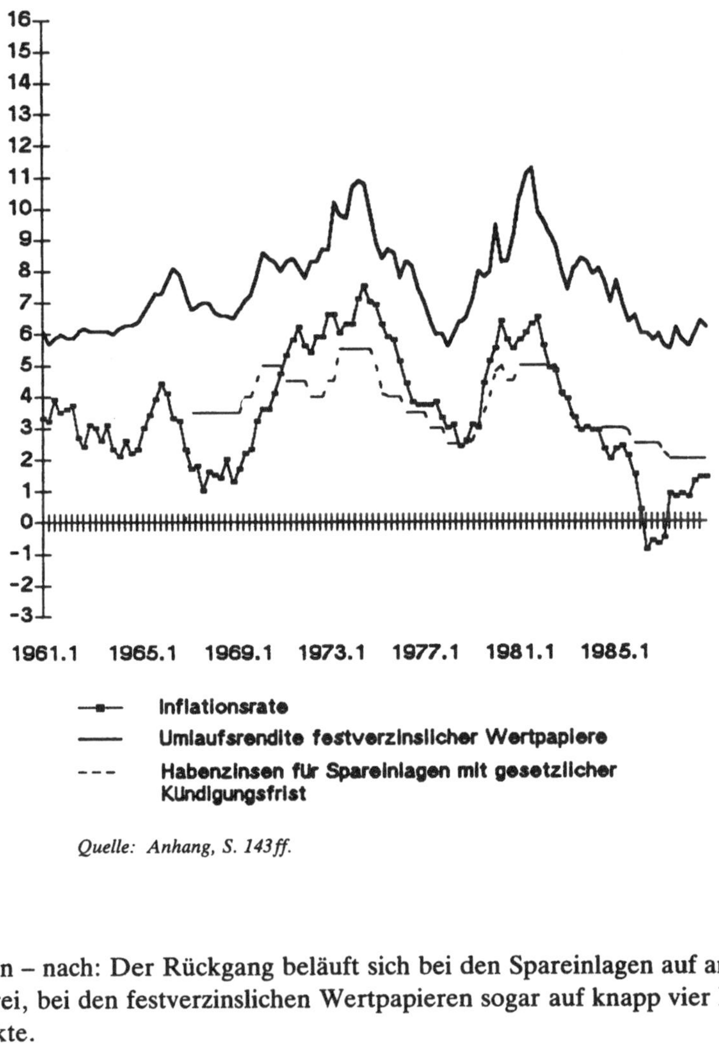

Quelle: Anhang, S. 143ff.

zeleration – nach: Der Rückgang beläuft sich bei den Spareinlagen auf annähernd drei, bei den festverzinslichen Wertpapieren sogar auf knapp vier Prozentpunkte.

Entsprechend steigt die Realverzinsung – berechnet unter Verwendung der aktuellen Preissteigerungsrate – in diesen Jahren wieder etwas an; bei den Spareinlagen mit gesetzlicher Kündigungsfrist wird seit 1983, erstmals nach mehr als zehn Jahren, wieder eine positive Rendite erzielt.

Tatsächlich läßt sich für diesen Zeitraum eine ganz erstaunliche, vorher noch nie zu beobachtende Parallelität der Entwicklung von Sparquote und

Realzinsen konstatieren: Beide Größen zeigen eine unter synchronen Schwankungen leicht steigende Tendenz (Abb. 28).

Insgesamt ist also seit den frühen siebziger Jahren ein Zusammenhang zwischen Zins und Sparquote zu beobachten, der in zwei verschiedenen Ausprägungen auftritt: Zunächst handelt es sich um eine zehnjährige Phase der Nominalzinsorientierung im Sparverhalten der Haushalte, die 1983 abgelöst wird durch eine neue, seit nunmehr sechs Jahren anhaltende Phase der Realzinsorientierung.

Abb. 28: Sparquote und Realzins

- in % -

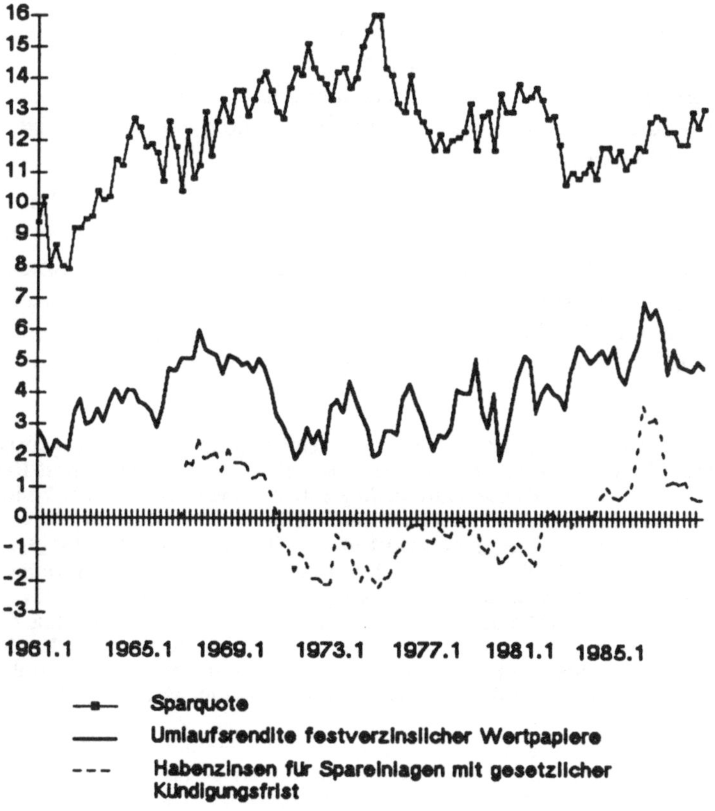

Quelle: Anhang, S. 143ff.

Allerdings ist diese Zinselastizität, wie bereits betont, nur mit äußerster Vorsicht als Beleg einer direkten Zinsabhängigkeit der Sparquote im Sinne der Permanenten Einkommenshypothese zu interpretieren:

- Einerseits ignorieren die Haushalte, wenn sie ihr Sparverhalten am nominalen Zinsniveau orientieren, daß ein fortschreitender Geldwertverlust die Kaufkraft ihrer Ersparnis aushöhlt. Eine derartige „Geldillusion" ist aber unvereinbar mit der Rationalität des Konsumentenverhaltens, die gerade von der Permanenten Einkommenshypothese besonders betont wird.
- Andererseits kann ein ex post preisbereinigter, „realer" Zinssatz allenfalls als grobe Annäherung an die – im Sinne dieser Theorie – für das Sparverhalten relevante Realzinskategorie dienen, die grundsätzlich eine Erwartungsgröße ist und sich somit einer direkten Beobachtung entzieht[81]. Allerdings dürfte es relativ verbreitet sein, daß Haushalte ihre Sparentscheidungen dennoch am – regelmäßig in den Medien veröffentlichten – ex post-Realzins orientieren, selbst wenn dies aus ökonomischer Sicht als nur bedingt rationales Verhalten erscheinen mag.

Darüber hinaus ist Skepsis auch insofern angebracht, als das Inflationsphänomen sehr abrupt ins Bewußtsein der Haushalte zu dringen scheint: Die Geldillusion geht – nach mehr als einem Jahrzehnt relativ hoher Preissteigerungsraten – just zu jenem Zeitpunkt verloren, in dem eine nachhaltige Stabilisierung des Preisniveaus einsetzt.

Anders als bei der Ersparnis selbst, ist bei der Inanspruchnahme von Konsumentenkrediten eine ausgeprägte Zinsabhängigkeit seit jeher unverkennbar: Bei steigenden Zinsen geht die Neuverschuldung für Konsumzwecke zurück, bei sinkenden Zinsen nimmt sie hingegen zu[82]. Dieser Zusammenhang gilt für nominale wie für reale Kreditzinsen[83], die sich – im Gegensatz zu den Sparzinsen – weitgehend synchron entwickeln (Tab. 13, Abb. 29).

---

[81] Dies gilt um so mehr, als sich die Fragwürdigkeit eines derartigen Deflationierungsverfahrens schon daran zeigt, daß der inflationsbereinigte ex post-Realzins eine völlig andere Zyklik als der zugrundeliegende Nominalzins aufweist. Pointiert ausgedrückt, sagt der ausgewiesene Kurvenverlauf mehr über die Entwicklung des angewandten Deflators als über jene des Realzinses (im Sinne der Erwartungsgröße) aus.

[82] Dieser Effekt ist dadurch besonders ausgeprägt, daß die Entwicklung der Zinsen für Konsumentenkredite eng mit dem Konjunkturverlauf korreliert ist. In allen Rezessionen – 1966/67, 1974/75 und 1981/82 – steigt dieser Zins nominal wie real drastisch an. Die gedämpften Einkommenserwartungen und die Verteuerung der Kreditaufnahme für die Konsumenten wirken also in dieser Situation in derselben, kontraktiven Richtung auf die Bereitschaft der Haushalte ein, Konsumentenkredite in Anspruch zu nehmen.

[83] Die Deflationierung der Nominalverzinsung bereitet beim Konsumentenkredit wesentlich geringere Schwierigkeiten als bei der Ersparnis. Dies ist einerseits darauf zurückzuführen, daß der Zeithorizont in der Regel relativ kurzfristig ist; infolgedessen ist die zu erwartende Geldentwertung einigermaßen zuverlässig antizipierbar, wobei der aktuellen Inflationsrate ein besonders hohes Gewicht zukommt. Andererseits lie-

Tab. 13: Verschuldungsquote und Zins

- in % -

	Verschuldungsquote	Sollzinsen für Konsumentenkredite	
		nominal	real
1961	- 0,6	12,4	8,9
1962	- 1,0	11,3	8,3
1963	- 0,6	11,3	8,3
1964	- 0,5	10,9	8,5
1965	- 0,6	11,7	8,4
1966	- 0,2	13,1	9,6
1967	- 0,6	13,4	11,7
1968	- 1,0	12,7	11,2
1969	- 1,3	12,5	10,4
1970	- 1,0	10,9	7,2
1971	- 1,5	11,6	6,1
1972	- 2,0	10,7	5,1
1973	- 0,9	11,9	4,9
1974	- 0,1	13,0	5,8
1975	- 1,1	11,3	5,2
1976	- 2,0	9,3	5,1
1977	- 1,9	8,3	4,7
1978	- 2,2	7,6	4,8
1979	- 2,3	8,0	3,9
1980	- 1,3	10,2	4,6
1981	- 0,7	11,9	5,7
1982	- 0,9	12,5	7,7
1983	- 1,1	10,9	7,7
1984	- 0,9	10,2	7,7
1985	- 1,0	9,8	7,7
1986	- 0,8	9,2	9,7
1987	- 0,9	8,6	8,1
1988	-1,0	8,1	6,9

Quellen: Tab. 4, S. 63; Tab. 6, S. 69; Tab. 14, S. 126; Tab. 15, S. 128; eigene Berechnungen.

Seit die Kreditaufnahme für Konsumzwecke zu Beginn der siebziger Jahre eine nennenswerte Bedeutung erlangt hat, schlägt die ausgeprägte Zinselastizität der Verschuldungsquote auf die Sparquote durch und trägt entscheidend dazu bei, daß jene den Schwankungen des Zinsniveaus folgt. Insofern läßt sich die Einschätzung vertreten, daß „die Wirkung eines hohen Zinses ... wohl weniger darin (besteht), daß er die Umverteilung vom Konsum zur Ersparnis

gen die Zinskosten des Konsumentenkredits erheblich höher als die Zinserträge von Spareinlagen oder selbst von festverzinslichen Wertpapieren, was zur Folge hat, daß die Inflationskomponente einen vergleichsweise geringen Anteil am Nominalzins ausmacht. Geringfügige Fehleinschätzungen ziehen also keine gravierenden Mißinterpretationen des Konsumentenverhaltens nach sich.

Abb. 29: **Verschuldungsquote und Zins**

- in % -

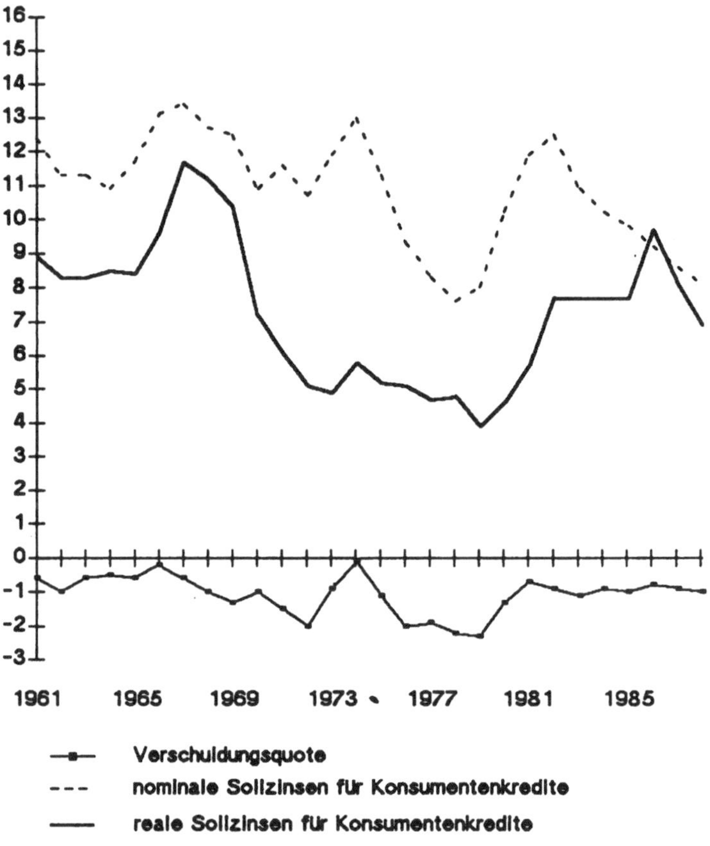

Quelle: Tab. 13, S. 123.

fördert, als vielmehr darin, daß er die Bereitschaft zur Kreditaufnahme für Konsumzwecke dämpft“[84]. Allerdings ist das Gewicht der Kreditaufnahme der Haushalte gegenüber ihrer Brutto-Ersparnis noch immer zu gering, als daß die Zinsreagibilität der Sparquote ausschließlich auf diesen Einfluß zurückgeführt werden könnte.

[84] R. Döhrn (1984) S. 37.

3.2.2.2.2 Die Selbstalimentierung der Ersparnis aus Vermögenserträgen

Die Wirkung des Zinses auf die Sparquote braucht sich nicht darin zu erschöpfen, daß er den Sparprozeß preismechanisch steuert, indem er entweder direkt die Einkommensverwendung für Konsum oder Ersparnis beeinflußt oder indirekt über die Bereitschaft der Haushalte zur Aufnahme von Konsumentenkrediten wirkt. Vielmehr kommt eine weitere, mittelbar wirkende Kausalkette in Betracht, die zur Erklärung der seit eineinhalb Dekaden nachweisbaren Zinsempfindlichkeit der Sparquote beitragen könnte: „Denkbar ist entweder, daß mehr gespart worden ist, weil steigende Zinsen das Sparen lohnender gemacht haben, und/oder daß die privaten Haushalte nur deshalb mehr gespart haben, weil die steigenden Zinseinkünfte wieder angelegt werden"[85].

Neben dem preismechanischen ist also auch der einkommensmechanische Effekt von Zinssatzvariationen zu beachten: Zinsbewegungen beeinflussen unmittelbar die Höhe der Vermögenseinkünfte der Haushalte. Diese Kapitalerträge werden zum überwiegenden Teil nicht konsumtiver Verwendung zugeführt, sondern direkt gespart[86]. Dazu tragen zunächst vertragliche Bindungen insbesondere aus Kapitallebensversicherungen, Prämien- und Bausparverträgen bei; aber auch die Zinserträge von Termin- und Spareinlagen werden nach der „automatischen" Gutschrift zumeist auf den Konten belassen, Wertpapiererträge großenteils zur Depotaufstockung verwendet[87].

Mit dem wachsenden Geldvermögensbestand der Haushalte hat diese sogenannte „Selbstalimentierung"[88] der Ersparnis aus Zinserträgen zunehmend an Bedeutung gewonnen: Während dieser „eher ‚passive' Teil der Ersparnis"[89] anfangs der sechziger Jahre erst gut ein Viertel und anfangs der siebziger Jahre etwas mehr als ein Drittel ausmacht, erreicht er Mitte der achtziger Jahre zeitweise sogar einen Anteil von 80 %, der danach wegen des rückläufigen Zinsniveaus wieder auf etwa 70 % zurückgeht (Tab. 14). Mit einem Volumen von 114 Mrd. DM stellen die Vermögenserträge heute einen hohen, „relativ stabilen Sockel für die gesamte Ersparnisbildung"[90] dar.

---

[85] H.-H. Francke (1986) S. 65. Vgl. auch H.-H. Francke / D. Friedrich (1985) S. 107.

[86] Darauf verweisen N. Bub (1985) S. 69; K.-D. Bedau (1984) S. 382; derselbe (1986) S. 358; G. Zeitel (1986) S. 883.

[87] Vgl. N. Bub (1985) S. 82; K.-D. Bedau (1984) S. 382; derselbe (1986) S. 358.

[88] K.-D. Bedau (1986) S. 358; H. Schlesinger (1987) S. 24.

[89] K.-D. Bedau (1984) S. 382.
Dagegen ist es für H. Geiger bereits „aktives" Sparen, „wenn Zinserträgnisse nicht unmittelbar dem Sparkonto zugeschrieben werden, sondern nachträglich wieder angelegt werden", während er lediglich die Wiederanlage von Zinserträgen aufgrund vertraglicher Bindung – etwa im Fall der Lebensversicherung – als „passive" Ersparnis ansieht. Vgl. H. Geiger (1986) S. 620 f.

Tab. 14: Die Selbstalimentierung der Ersparnis aus Vermögenserträgen

- in jeweiligen Preisen -

	Ersparnis	Geldvermögenserträge	Selbstalimentierung der Ersparnis aus Geldvermögenserträgen	nachrichtlich: Zinsen auf Konsumentenschulden	nachrichtlich: Geldvermögenserträge nach Abzug der Zinsen auf Konsumentenschulden
	in Mrd. DM	in Mrd. DM	in %	in Mrd. DM	in Mrd. DM
1960	16,1	4,5	28,0	0,9	3,6
1961	18,8	5,1	27,1	1,2	3,9
1962	19,3	5,8	30,1	1,3	4,5
1963	23,8	6,7	28,2	1,5	5,2
1964	29,7	7,7	25,9	1,6	6,1
1965	35,8	9,3	26,0	1,9	7,4
1966	36,1	11,7	32,4	2,3	9,4
1967	35,5	12,5	35,2	2,5	10,0
1968	43,1	13,7	31,8	2,7	11,0
1969	50,6	16,0	31,6	3,2	12,8
1970	59,1	23,4	39,6	3,3	20,1
1971	63,9	25,7	40,2	4,2	21,5
1972	76,1	29,0	38,1	4,8	24,2
1973	79,8	37,1	46,5	6,3	30,8
1974	91,0	41,5	45,6	7,3	34,2
1975	103,9	43,9	42,3	6,8	37,1
1976	97,1	45,4	46,8	6,6	38,8
1977	94,7	48,8	51,5	7,1	41,7
1978	99,8	49,7	49,8	7,7	42,0
1979	113,0	57,8	51,2	9,6	48,2
1980	123,2	73,7	59,8	13,9	59,9
1981	137,8	88,7	64,4	17,5	71,3
1982	133,9	99,0	73,9	19,4	79,6
1983	117,4	93,4	79,6	18,0	75,4
1984	128,7	103,2	80,2	18,0	85,2
1985	133,3	108,3	81,2	18,3	90,0
1986	149,1	108,4	72,7	18,2	90,2
1987	156,3	109,7	70,2	17,8	91,9
1988	166,5	113,6	68,2	17,9	95,7

Quellen: K.-D. Bedau (1989) S. 324; derselbe (1988) S. 510; derselbe (1987) S. 529; derselbe (1973) S. 91; Tab. 2, S. 57; eigene Berechnungen.

---

[90] G. Zeitel (1986) S. 883.
Von Stabilität zu sprechen ist allerdings insofern fragwürdig, als Zinsschwankungen – die gerade in den letzten Jahren besonders stark ausgeprägt sind – auf die Vermögenseinkünfte durchschlagen.

Die kontinuierlich steigende Bedeutung der Selbstalimentierung für den Sparprozeß – die darauf zurückzuführen ist, daß das Geldvermögen der privaten Haushalte nicht nur dem absoluten Wert nach, sondern auch in Relation zu ihrem verfügbaren Einkommen stetig zunimmt (Tab. 15) – widerlegt Tobin's Hypothese, daß wachsende Vermögensbestände eine verbrauchsstimulierende, also die Sparneigung dämpfende Wirkung hätten[91]. Ganz im Gegenteil ist evident, daß die Zunahme des Geldvermögens einen in zweifacher Hinsicht positiven Einfluß auf die Sparquote ausübt: Einerseits wirkt die zunehmende Selbstalimentierung der Ersparnis aus Vermögenserträgen – die sich ja als Produkt von Vermögensbestand und dessen nominaler Verzinsung ergeben – längerfristig einem Rückgang der Sparquote entgegen; andererseits trägt sie aufgrund des mittlerweile erlangten Gewichtes für die Ersparnisbildung ganz entscheidend zur Abhängigkeit der Sparquote von der zyklischen Zinsentwicklung bei.

Das Argument der Selbstalimentierung der Ersparnis aus Vermögenseinkünften bedeutet jedoch nicht, daß die Haushalte diese Einkommenskategorie, deren Anteil an ihrer Einkommensentstehung säkular permanent wächst, bei ihren Verbrauchsentscheidungen völlig außer Betracht lassen. Tatsächlich stünde eine derartige Ignoranz in krassem Widerspruch zum Bild rational handelnder Konsumenten, das gerade in den Normaleinkommenshypothesen gezeichnet wird. Vielmehr ist der Zusammenhang dahingehend zu interpretieren, daß die Haushalte nicht bereit sind, ihre längerfristig orientierten Konsumentscheidungen dem Rhythmus kurz- oder mittelfristiger Zinsschwankungen zu unterwerfen, die ihre Einkommensentwicklung nur vorübergehend destabilisieren. Insofern ist es eine durchaus vernünftige Entscheidung, innerhalb der Zinszyklen die Mechanik der Selbstalimentierung frei spielen zu lassen[92].

Darüber hinaus ist die reservierte Haltung der Haushalte gegenüber den Vermögenserträgen darin begründet, daß in Zeiten eines anhaltenden Preisniveauanstiegs ein bedeutender Teil der Vermögenseinkünfte keine reale Rendite darstellt: Jener Teil der Zinserträge, der auf dem Inflationsaufschlag auf die realen Zinsen basiert, dient lediglich dazu, die Haushalte für die inflationsbedingte Aushöhlung ihres Geldvermögens zu enschädigen[93]. Richtet man

---

[91] Tobin hatte vermutet, daß zunehmende Vermögensbestände die Sparneigung reduzieren und damit einem säkularen Anstieg der Sparquote entgegenwirken, der sich andernfalls aufgrund steigender Einkommen ergeben würde. Eher behält Friedman recht, der dem Verhältnis von „property" zu „nonproperty income" eine Bedeutung für die Sparquote zugeschrieben hatte, ohne konkret auf die Art und Weise des vage angedeuteten Zusammenhanges einzugehen.

[92] Aus diesem Grund wirkt der Einkommenseffekt atypischerweise – im Gegensatz zur Einschätzung dieser Mechanik in der neoklassischen Theorie – auch in dieselbe Richtung wie der Preiseffekt: Steigende Zinsen führen über beide Transmissionswege zu einer Zunahme, fallende Zinsen zu einer Abnahme der Sparquote.

[93] Bei einer derartigen ex post-Betrachtung stellt die Quantifizierung der Inflationskomponente selbstverständlich kein Problem dar.

Tab. 15: Das Geldvermögen der privaten Haushalte

- in jeweiligen Preisen -

	verfügbares Einkommen	(Brutto-) Geldvermögen		Verpflichtungen		Nettogeldvermögen	
	in Mrd. DM	in Mrd. DM	in % des verfügbaren Einkommens	in Mrd. DM	in % des verfügbaren Einkommens	in Mrd. DM	in % des verfügbaren Einkommens
1960	188	139	74	9	5	130	69
1961	207	160	77	10	5	150	72
1962	224	181	81	13	6	169	75
1963	241	206	85	14	6	192	80
1964	263	236	90	15	6	221	84
1965	293	273	93	17	6	256	87
1966	311	308	99	18	6	291	94
1967	318	343	108	19	6	323	102
1968	344	385	112	23	7	362	105
1969	382	435	114	28	7	407	107
1970	428	494	115	33	8	462	108
1971	473	562	119	40	8	522	110
1972	528	645	122	50	9	594	113
1973	575	721	125	56	10	665	116
1974	625	804	129	56	9	747	120
1975	689	910	132	64	9	846	123
1976	730	1011	138	78	11	933	128
1977	778	1111	143	92	12	1019	131
1978	829	1216	147	110	13	1106	133
1979	898	1337	149	130	14	1207	134
1980	964	1461	152	143	15	1318	137
1981	1026	1593	155	151	15	1442	141
1982	1052	1719	163	160	15	1560	148
1983	1082	1841	170	172	16	1669	154
1984	1132	1973	174	182	16	1792	158
1985	1172	2093	179	193	16	1900	162
1986	1218	2227	183	202	17	2024	166
1987	1269	2351	185	214	17	2137	168
1988	1323	2515	190	227	17	2228	173

Quellen: Deutsche Bundesbank (1989) S. 46 - 49; dieselbe (1988) S. 34 - 36; Tab. 2, S. 57; eigene Berechnungen.

sein Interesse darauf, inwieweit die Vermögenserträge nicht nur zur Werterhaltung des Geldvermögens beitragen, sondern eine reale Vermehrung des Geldvermögens alimentieren, sieht die Situation anders aus: In den Jahren 1961, 1971 bis 1975 und 1980/81 übersteigen die Wertverluste die Vermögenserträge, die auch sonst, bis auf die jüngste Vergangenheit, durch die Inflationsverluste weitgehend ausgezehrt werden (Tab. 16). Erst in den letzten

Tab. 16: Inflationsbedingte Wertverluste des Geldvermögens

- in jeweiligen Preisen -

	Inflations-rate	inflationsbedingte Wertverluste des (Brutto-) Geldvermögens		nachrichtlich: inflationsbedingte Wertverluste	
				der Konsumentenschulden	des Nettogeldvermögens
	in %	in Mrd. DM	in % der Geldvermögenserträge	in Mrd. DM	in Mrd. DM
1961	3,5	5,2	102,0	0,3	4,9
1962	3,0	5,1	87,9	0,3	4,8
1963	3,0	5,8	86,6	0,4	5,4
1964	2,4	5,3	68,8	0,4	4,9
1965	3,3	8,4	90,3	0,5	7,9
1966	3,5	10,2	87,2	0,6	9,6
1967	1,7	5,5	44,0	0,3	5,2
1968	1,5	5,5	40,1	0,3	5,2
1969	2,1	8,6	53,8	0,5	8,1
1970	3,7	17,2	73,5	1,1	16,1
1971	5,5	29,0	112,8	2,0	27,0
1972	5,6	33,8	116,6	2,5	31,3
1973	7,0	47,8	128,8	3,7	44,1
1974	7,2	54,9	132,3	4,0	50,9
1975	6,1	52,3	119,1	3,7	48,6
1976	4,2	40,3	88,8	3,0	37,3
1977	3,6	38,2	78,3	3,1	35,1
1978	2,8	32,6	65,6	2,8	29,8
1979	4,1	52,3	90,5	4,9	47,4
1980	5,6	78,4	106,4	7,7	70,7
1981	6,2	94,7	106,8	9,1	85,6
1982	4,8	79,5	80,3	7,5	72,0
1983	3,2	57,0	61,0	5,3	51,7
1984	2,5	47,7	46,2	4,4	43,3
1985	2,1	42,7	39,4	3,9	38,8
1986	- 0,5	- 10,8	-10,0	- 1,0	- 9,8
1987	0,5	11,4	10,4	1,0	10,4
1988	1,2	29,2	25,7	2,6	26,6

Quellen: Tab. 4, S. 63; Tab. 14, S. 126; Tab. 15, S. 128; eigene Berechnungen.

Jahren geht mit der Preissteigerungsrate die Entwertung des Geldvermögens rapide zurück; 1986 stellen sich sogar erstmals Deflationsgewinne der Geldvermögensbesitzer ein. Doch diese erratischen Schwankungen der realen Renditen führen nicht zu einer nachhaltigen Beeinträchtigung der Sparneigung; offensichtlich ist durch sie „die Sparfreude nicht zu erschüttern“[94] (Abb. 30).

Abb. 30: Ersparnis, Selbstalimentierung und Wertverluste
- in jeweiligen Preisen; in Mrd. DM -

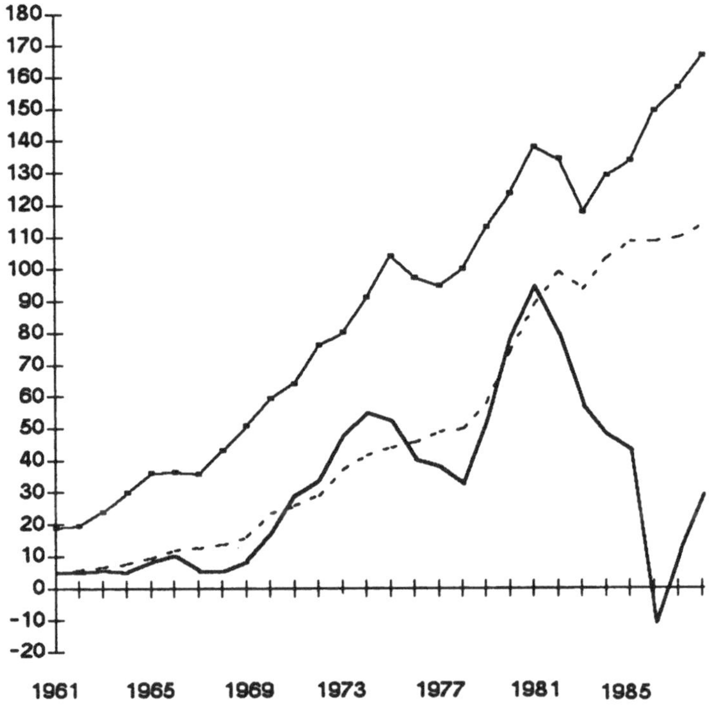

Quellen: Tab. 14, S. 126; Tab. 16, S. 129.

3.2.2.2.3 Die Kursschwankungen der Wertpapiere

Schließlich ist zu untersuchen, ob die Sparquote von zinsbedingten Kursschwankungen der festverzinslichen Wertpapiere beeinflußt wird. Die Möglichkeit eines derartigen, indirekten Wirkungsmechanismus hatte bereits Keynes aufgezeigt. Solch ein Zusammenhang ist jedoch nicht erkennbar, wie auch

---

94 H. Schlesinger (1987) S. 24.

ein Einfluß veränderter Tageskurse von Aktien nicht festgestellt werden kann (Tab. 17).

Selbst wenn die Haushalte in ihrem Sparverhalten auf derartige Vermögenswertschwankungen reagieren würden, wäre ein isolierter Nachweis dieses Einflusses wegen des relativ geringen Anteils dieser beiden Anlageformen an ihrem Geldvermögen kaum zu erbringen: Dieser beläuft sich im Jahre 1988, bezogen auf die Tageskurse, bei festverzinslichen Wertpapieren auf 14,9% und bei Aktien auf 6,0%; werden – wie üblich – die Emissionskurse zugrunde gelegt, liegen die entsprechenden Werte bei 15,5% bzw. 2,8%[95].

Tab. 17: Sparquote und Kursschwankungen von Wertpapieren

- in % -

	Sparquote	Kursschwankungen		
		festverzinsliche Wertpapiere	Aktien	insgesamt
1961	9,1	-1,8	-0,5	-0,7
1962	8,6	-1,4	-16,4	-14,1
1963	9,9	0,0	5,2	4,0
1964	11,3	-2,4	2,9	1,5
1965	12,2	-8,8	-7,1	-7,6
1966	11,6	-2,0	-8,1	-5,9
1967	11,2	3,7	23,0	15,5
1968	12,5	3,6	10,6	8,1
1969	13,3	-6,9	12,5	5,6
1970	13,8	-6,3	-13,8	-11,2
1971	13,5	0,0	4,4	2,5
1972	14,4	-5,0	4,3	0,0
1973	13,9	-5,2	-5,9	-5,5
1974	14,6	-1,3	-6,5	-3,7
1975	15,1	5,6	14,5	9,3
1976	13,3	8,8	-4,4	3,3
1977	12,2	7,5	2,8	5,9
1978	12,0	-6,6	7,3	-2,2
1979	12,6	-7,9	-6,5	-7,4
1980	12,7	-4,7	-0,1	-3,6
1981	13,5	-2,8	-4,9	-3,4
1982	12,7	9,9	5,4	9,0
1983	10,8	-2,1	19,8	2,2
1984	11,4	5,4	5,2	5,4
1985	11,4	0,9	41,3	10,0
1986	12,2	-0,2	10,2	2,9
1987	12,3	-1,3	-23,7	-8,4
1988	12,6	-2,4	20,4	3,6

Quellen: Deutsche Bundesbank (1989) S. 46 - 49; dieselbe (1988) S. 34 - 36; Tab. 1, S. 54; eigene Berechnungen.

3.2.2.2.4 Die staatliche Sparförderung

Eine Analyse des Sparverhaltens unter Rentabilitätsaspekten kann nicht auf die Untersuchung möglicher Zinseinflüsse beschränkt bleiben. Es ist zu berücksichtigen, daß der Sparprozeß nicht allein durch Marktkräfte gesteuert, sondern auch von staatlicher Seite durch vielfältige Maßnahmen zur Förderung der privaten Vermögensbildung beeinflußt wird.

Das Prinzip der Sparförderung besteht darin, „den Ertrag bestimmter Geldanlagen ... durch staatliche Vergünstigungen über die am Markt erzielbaren Erträge anzuheben. Mit der hierdurch gebotenen Zusatzrendite wird das Kalkül des Sparers beeinflußt und sein Sparverhalten mitbestimmt“[96].

Um das Sparverhalten der privaten Haushalte anzuregen, bedient die Finanzpolitik sich zweier Instrumente: Verschiedene Arten der Geldvermögensbildung werden gefördert, indem entweder spezifische Steuervergünstigungen eingeräumt oder direkte Transferzahlungen in Gestalt staatlicher Sparprämien geleistet werden[97].

Für den Erhalt dieser Begünstigungen genügt der Nachweis, daß ein bestimmter Betrag in einer in die Sparförderung einbezogenen Form neu angelegt wird[98]. Dieses Verfahren ermöglicht es, die Förderung der einzelnen Sparformen differenziert auszugestalten. Während einer für die verschiedenen Sparformen unterschiedlich lang dauernden, sieben- bis zwölfjährigen Sperrfrist kann nicht über die Anlage verfügt werden.

Das System der staatlichen Sparförderung besteht aus drei Komponenten[99]:

- Erstens gelten bereits seit der Währungsreform von 1948 spezifische Steuervergünstigungen für Beitragszahlungen an Lebensversicherungen und Bausparkassen, die im Rahmen der Einkommensteuer als Sonderausgaben abzugsfähig sind. Zunächst fielen auch Kapitalansammlungsverträge in Form des Kontensparens und des Ersterwerbs bestimmter festverzinslicher Wertpapiere unter diese Regelung, deren steuerliche Begünstigung jedoch bereits gegen Ende der fünfziger Jahre wieder aufgegeben wurde.
- Zweitens werden seit dem Wohnungsbauprämiengesetz von 1952 Bausparverträge durch staatliche Prämienzahlungen gefördert[100]. Das Sparprämien-

95 Deutsche Bundesbank (1989) S. 48; eigene Berechnungen.

96 Deutsche Bundesbank (1979) S. 26.

97 Vgl. J. Siebke (1984) S. 383.

98 Vgl. W. Albers (1985) S. 522 - 525.

99 Vgl. J. Siebke (1984) S. 390 - 395.

100 Das Bausparen stellt damit die einzige Sparform dar, bei der Wahlfreiheit zwischen der Inanspruchnahme der Prämie und dem steuerlichen Abzug als Sonderausgaben besteht.

gesetz von 1959 dehnte diese Regelung auf allgemeine Sparverträge aus[101]; mit dem Subventionsabbaugesetz von 1980 wurde jedoch die Förderung neuer Sparverträge wieder eingestellt. Seither ist die „Sparförderung im engeren Sinne“[102] wieder auf das Bausparen beschränkt.

- Drittens werden seit 1961 vermögenswirksame Leistungen der Arbeitgeber an die Arbeitnehmer im Rahmen der Vermögensbildungsgesetze gefördert. Zunächst wurden diese Leistungen steuer- und sozialversicherungsrechtlich begünstigt; mit dem Dritten Vermögensbildungsgesetz von 1970 erfolgte die Umstellung auf das Prämiensystem. Der begünstigungsfähige Höchstbetrag wurde sukzessive von 312 auf 936 DM pro Jahr erhöht. Für einen umfassenden Anlagekatalog, der Sparkonten, festverzinsliche Wertpapiere sowie Bauspar- und Lebensversicherungsverträge enthält, gilt derzeit eine Förderungsgrenze von 624 DM; für den darüber hinausgehenden Betrag wird eine Prämie nur bei Anlagen mit „Beteiligungscharakter“ – also Aktien, Genußscheine, GmbH-Anteile oder ähnliches – gewährt[103].

Unmittelbar nach der Währungsreform stand bei der Sparförderung das Ziel im Vordergrund, die Sparquote der privaten Haushalte zu erhöhen, um möglichst viel Kapital für einen raschen Wiederaufbau der Wirtschaft zu mobilisieren[104]. Gegen Ende der fünfziger Jahre wurde diese primär wachstumspolitische Zielstellung durch eine betont verteilungs- und gesellschaftspolitische Orientierung der Sparförderung abgelöst, die seither darauf ausgerichtet ist, insbesondere die Vermögensbildung der unteren und mittleren Einkommensschichten zu begünstigen, um auf diesem Wege zu einer ausgewogeneren Vermögensverteilung zu gelangen. Da dies nicht zu Lasten der Ersparnis der Besserverdienenden geschieht, wirkt auch die Verfolgung eines Verteilungszieles prinzipiell auf eine Anhebung der Sparquote hin.

Dieser Wandel der Zielsetzung schlägt sich in den einzelnen Änderungen der Ausgestaltung des Förderungssystems nieder[105]:

- Zunächst wird der Schwerpunkt des Instrumenteneinsatzes schrittweise von den Steuervergünstigungen, die wegen des progressiven Einkommensteuer-

---

101 Die Prämierung der allgemeinen Sparverträge löste die zuvor praktizierte steuerliche Förderung der Kapitalansammlungsverträge ab.

102 H. Geiger (1985) S. 534.

103 Die Ausgestaltung der Arbeitnehmer-Sparzulage wurde ebenfalls mehrfach modifiziert. Seit dem Vierten Vermögensbildungsgesetz von 1983 ist sie nach Anlageformen differenziert und beträgt in der Regel 16 %, für Beteiligungswerte und Bausparen hingegen 23 %. Darüber hinaus enthält die Prämie eine bevölkerungspolitische Komponente: Für verheiratete Arbeitnehmer mit drei oder mehr Kindern gelten um zehn Prozentpunkte erhöhte Zulagensätze von 26 bzw. 33 %. Vgl. H.E. Giese (1987) S. 68 - 72.

104 Vgl. Deutsche Bundesbank (1979) S. 26; J. Siebke (1984) S. 395; H. Geiger (1985) S. 534; W. Albers (1985) S. 519.

105 Vgl. W. Albers (1985) S. 520; J. Siebke (1984) S. 396.

tarifs systemimmanent die Bezieher höherer Einkommen besser stellen, hin zu den Sparprämien verlagert, deren Höhe einkommensunabhängig ist[106].

- Weiterhin wird mit den Vermögensbildungsgesetzen eine spezifische Förderungsmaßnahme zugunsten der Arbeitnehmer geschaffen.
- Schließlich wird im Dritten Vermögensbildungsgesetz von 1970 eine Einkommensgrenze[107] eingeführt, die 1975 auf das Spar- und das Wohnungsbauprämiengesetz ausgedehnt wird und seither für jegliche Prämiengewährung gilt.

Die Einführung von Einkommensgrenzen markiert zugleich eine Wende in der staatlichen Sparförderungspolitik: Nachdem die Unterstützung der privaten Vermögensbildung zweieinhalb Jahrzehnte lang systematisch ausgebaut worden war, wurde sie seit Mitte der siebziger Jahre schrittweise wieder eingeschränkt[108]:

- Die im Rahmen des Wohnungsbauprämiengesetzes, des Sparprämiengesetzes sowie der Vermögensbildungsgesetze gewährten Zulagensätze wurden mehrfach herabgesetzt.
- Das Subventionsabbaugesetz von 1980 führte zum endgültigen Auslaufen der Förderung allgemeiner Sparverträge im Jahre 1987.
- Die Einkommensgrenzen, die – 1970 zunächst für die Arbeitnehmer-Sparzulage eingeführt – im Jahre 1975 auch auf Spar- und Bausparprämien übertragen wurden, engen den Kreis der Berechtigten fortlaufend ein. Die restriktive Wirkung ergibt sich daraus, daß diese Einkommensgrenzen betragsmäßig unverändert beibehalten wurden, obwohl die nominalen Einkommen sich seit 1975 annähernd verdoppelt, seit 1970 sogar nahezu verdreifacht haben[109].

---

106 Allerdings ist diese Umorientierung insofern nicht konsequent vollzogen worden, als die Steuerbegünstigung der Lebensversicherungsbeiträge und des Bausparens – für das noch immer ein Wahlrecht zwischen der Inanspruchnahme der Prämie und der steuerlichen Anrechnung als Sonderausgaben existiert – bestehen blieb. Dies hat die „paradoxe Situation“ – W. Albers (1985) S. 520 – zur Folge, daß die Besserverdienenden zwar von der Sparförderung im Rahmen des Prämiensystems ausgeschlossen sind, daß sie aber bei der Anlage in diesen beiden Sparformen in zweifacher Hinsicht stärker begünstigt sind: Einerseits liegen ihre marginalen Steuersätze über den Prämiensätzen, andererseits sind auch die anrechenbaren Beträge wesentlich höher. Diese Regelung kommt besonders den Lebensversicherungen zugute. Siehe Deutsche Bundesbank (1979) S. 27 Fn. 9.

107 Diese Einkommensgrenze beläuft sich auf 24000 DM zu versteuerndes Jahreseinkommen bei Alleinstehenden bzw. 48000 DM bei Ehegatten zuzüglich 1800 DM für jedes steuerlich zu berücksichtigende Kind.

108 Vgl. W. Albers (1985) S. 520; J. Siebke (1984) S. 392 - 394.

109 Im Gegensatz dazu werden die Höchstbeträge der Steuerbegünstigung im Rahmen der Sonderausgabenregelung bei jeder Tarifreform der Einkommensteuer angehoben.

Die sukzessive Einschränkung der Sparförderung hat zur Konsequenz, daß der Betrag der eingesetzten staatlichen Mittel, der bis 1977 stark angestiegen war, seither auf weniger als die Hälfte zurückgegangen ist[110]. Seit der Währungsreform belaufen sich die Aufwendungen der öffentlichen Haushalte für die Förderung der Vermögensbildung der privaten Haushalte auf insgesamt rund 140 Mrd. DM[111], wovon jeweils etwa die Hälfte auf Steuermindereinnahmen und auf Prämienzahlungen entfällt[112]. Damit sind Sparleistungen in Höhe von ca. 560 Mrd. DM begünstigt worden[113], was rund einem Viertel des Geldvermögens der privaten Haushalte entspricht.

Das Anreizsystem hat zweifellos bewirkt, daß die genannten Beträge in diesen geförderten Sparformen angelegt wurden. Strittig ist jedoch, in welchem Umfang effektiv zusätzlich gespart worden ist. Grundsätzlich bestehen drei verschiedene Möglichkeiten:

- Idealerweise wird von den Begünstigten der geförderte Betrag tatsächlich zusätzlich gespart.
- Eventuell wird die Sparförderung lediglich „als willkommenes Geschenk mitgenommen“[114], indem die ohnehin vorgesehene Ersparnis in den geförderten Sparformen erfolgt oder bestehendes Vermögen entsprechend umgeschichtet wird. Dies kann sogar in der Weise geschehen, daß ein Haushalt sich durch „‚revolvierende‘ Wiederanlage“[115] bereits früher begünstigter Ersparnisse nach Ablauf der Sperrfrist erneut in den Genuß der Sparförderung bringt. In diesen Fällen ist die Sparförderung wirkungslos.
- Denkbar ist auch, daß letztlich nicht einmal die gewährten Förderungsbeträge der Vermögensbildung zugute kommen, wenn die eigene Sparleistung um den staatlichen Zuschuß eingeschränkt wird[116]; dann wäre die Sparförderung sogar kontraproduktiv im Sinne der angestrebten Wirkung.

---

[110] Vgl. N. Bub (1985) S. 83; L.T. Jasper (1986) S. 18.

[111] Vgl. Subventionsbericht (1987) S. 45.
In diesen Zahlen ist der Steuerausfall aufgrund des Sonderausgabenabzugs von Beiträgen zu privaten Lebensversicherungen im Rahmen der Einkommensteuer nicht enthalten. Diese steuerliche Ausnahmeregelung wird nicht als Steuervergünstigung aufgeführt mit der Begründung, daß „sie die (weit) überwiegende Mehrzahl der Steuerpflichtigen begünstigt“. Subventionsbericht (1987) S. 244; siehe auch L.T. Jasper (1986) S. 11.

[112] Vgl. L.T. Jasper (1986) S. 56.
In der Gesamtwirtschaftlichen Finanzierungsrechnung werden die Sparprämien als Vermögensübertragungen des Staates an die privaten Haushalte verbucht, die zu ihrer Geldvermögensbildung beitragen, aber keine Ersparnis darstellen. Dagegen wird die steuerliche Förderung nicht gesondert ausgewiesen; sie schlägt sich im verfügbaren Einkommen nieder und wird somit indirekt der Ersparnis zugerechnet.

[113] Vgl. Subventionsbericht (1987) S. 45.

[114] L.T. Jasper (1986) S. 57.

[115] Deutsche Bundesbank (1979) S. 26 Fn. 9.

[116] Vgl. W. Albers(1985) S. 526.

Die Einschränkung der staatlichen Sparförderung allein mit dem „Druck seiner leeren Kassen“[117] zu erklären, würde zu kurz greifen. Vielmehr ist sie auch darauf zurückzuführen, daß die Einschätzung der Dringlichkeit und der Effizienz dieser Förderungsmaßnahmen sich gewandelt hat[118]. Im Gegensatz zur Wiederaufbauphase, in der weitgehender Konsens über die Notwendigkeit der Sparförderung herrschte, sind die Meinungen heute tief gespalten: Während die Befürworter das gegliederte Sparförderungssystem als durchaus „erfolgreich“[119] einschätzen, sehen Kritiker darin eine „kapitalmarktdirigistische ‚Erblast‘“[120], die es zu beseitigen gilt, zumal sie nicht nur wegen umfangreicher Mitnahmeeffekte ineffizient, sondern angesichts der hohen Selbstalimentation der Ersparnis aus Zinserträgen auch „überflüssig“[121] sei.

Auffallenderweise markieren die Jahre 1977 und 1983, in denen in besonders großem Umfang prämien- und zulagenbegünstigte Sparverträge ausliefen, zugleich Tiefpunkte in der Entwicklung der Sparquote[122]. Dies ist „sicher kein Zufall“[123], sondern deutet darauf hin, daß der Rhythmus frei werdender prämien- und zulagenbegünstigter Sparguthaben die Ersparnis der privaten Haushalte tangiert: Offensichtlich wird das angesparte Vermögen nach Ablauf der Sperrfrist häufig konsumtiv verwandt, in der Regel wohl für die Anschaffung langlebiger Gebrauchsgüter oder die Finanzierung größerer Urlaubsreisen[124].

Das bedeutet, daß die Sparförderung nur in dem Maße eine dauerhafte Erhöhung der Sparquote bewirkt, in dem es gelingt, in breiten Bevölkerungsschichten die Bereitschaft zu wecken, langfristig – also über die Festlegungsfristen hinaus – Vermögen zu akkumulieren. Der Effekt einer derartigen Beeinflussung des Sparverhaltens ist zwar nicht quantifizierbar. Dennoch ist davon auszugehen, daß staatliche Sparanreize auf eine Erhöhung der Sparquote hinwirken. Das heißt aber auch, daß der Abbau der Sparförderung seit Mitte der

---

[117] N. Bub (1985) S. 82. Siehe auch J. Siebke (1984) S. 383; Deutsche Bundesbank (1979) S. 26.

[118] Vgl. W. Albers (1985) S. 520.
Im 9. Subventionsbericht heißt es: „Nicht zuletzt als Folge dieser Fördermaßnahmen ... hat die Ersparnisbildung bei breiten Bevölkerungsschichten in der Vergangenheit spürbar zugenommen ... Eines der Hauptziele der Sparförderung erschien damit zu Beginn der achtziger Jahre weitgehend erfüllt“. Subventionsbericht (1983) S. 42.

[119] H. Geiger (1985) S. 535.

[120] H. Schlesinger (1987) S. 18.

[121] Ebenda S. 24.

[122] Vgl. N. Bub (1985) S. 83; Deutsche Bundesbank (1984a) S. 31; K. Müller-Krumholz / R. Pohl (1984) S. 387.

[123] N. Bub (1985) S. 83.

[124] Dieser Aspekt trägt dazu bei, die im internationalen Vergleich relativ geringe Bedeutung des Konsumentenkredites in der Bundesrepublik zu erklären. Vgl. N. Bub (1985) S. 79.

siebziger Jahre seinen Anteil dazu beigetragen hat, den zuvor ansteigenden Trend der Sparquote zu brechen.

3.2.2.3 Ergebnis

Bis in die siebziger Jahre hinein wird die Entwicklung der Sparquote von Renditeschwankungen nicht spürbar beeinflußt. Erst etwa seit dem Jahre 1973 ist deutlich eine Zinselastizität der Sparquote erkennbar, wobei das Sparerverhalten um das Jahr 1983 von einer Nominalzinsorientierung in eine Realzinsorientierung umschlägt.

Während dieser Phase wirkt der Zinseinfluß über ein Geflecht miteinander verwobener Kausalketten auf das Sparverhalten ein. Der direkteste Zusammenhang besteht darin, daß höhere Zinsen einen größeren Sparanreiz ausüben als niedrigere Zinsen. Eine weitere preismechanische Wirkung kommt seit den frühen siebziger Jahren aufgrund der sprunghaft angestiegenen Akzeptanz des Konsumentenkredites zur Entfaltung: Seither schlägt die ausgeprägte Zinsempfindlichkeit der Verschuldungsbereitschaft der Haushalte merklich auf den Verlauf der Sparquote durch. Schließlich kommt wegen der permanent wachsenden Vermögensbestände der Selbstalimentierung der Ersparnis aus Vermögenserträgen eine ständig zunehmende Bedeutung zu; seit einigen Jahren trägt dieser einkommensmechanische Effekt ganz entscheidend zur Zinsreagibilität der Sparquote bei. Dagegen bleiben die zinsinduzierten Kursschwankungen festverzinslicher Wertpapiere ebenso wie die Schwankungen der Aktienkurse aufgrund des noch immer relativ geringen Anteils dieser beiden Anlageformen am Geldvermögen der Haushalte bislang ohne erkennbaren Einfluß auf ihr Sparverhalten.

Hinsichtlich der staatlichen Sparförderung läßt sich einerseits feststellen, daß ihr Ausbau den steigenden Trend der Sparquote bis in die siebziger Jahre hinein zunächst ebenso gestützt haben dürfte, wie der seither erfolgte sukzessive Abbau dieser Maßnahmen zum Bruch des steigenden Trends beigetragen hat. Andererseits kamen durch die Reduktion der Sparförderung die Zinssignale immer stärker gegenüber den administrativen Sparanreizen zur Geltung, was zweifellos dem größeren Einfluß der Zinsentwicklung auf den zyklischen Verlauf der Sparquote seit den frühen siebziger Jahren zugute gekommen ist.

Die Evidenz der letzten eineinhalb Jahrzehnte widerspricht der von Keynes vertretenen Auffassung, daß Renditeschwankungen allenfalls mittelbar über induzierte Vermögenswertänderungen auf das Sparverhalten einwirken, ebenso wie der Behauptung der keynesianisch orientierten Autoren einer völligen Bedeutungslosigkeit des Zinses. Dagegen unterstützt die seit den frühen siebziger Jahren zu beobachtende Zinselastizität der Sparquote die These, daß den Normaleinkommenshypothesen seither eine größere Erklärungsrelevanz für das Sparverhalten zukommt, als es zuvor der Fall gewesen ist.

3.3 Entwicklungsperspektiven der Sparquote

Aus heutiger Sicht sind bei weiterhin moderat steigenden Realeinkommen keine Veränderungen der Sparquote zu erwarten, die einem säkularen Trend folgen würden: Ein erneuter, anhaltender Anstieg – vergleichbar dem bis in die siebziger Jahre hinein zu verzeichnenden – ist ebenso unwahrscheinlich wie eine dauerhaft fallende Tendenz.

Mittelfristig hängt der Verlauf der Sparquote entscheidend davon ab, welchen Niederschlag die Einkommensentwicklung in der Beschäftigungssituation findet. Unter unveränderten Arbeitsmarktbedingungen dürfte sich der gegenwärtige Stand der Sparquote von 11 - 12% im mehrjährigen Durchschnitt als stabil erweisen. Im Fall einer nochmaligen dramatischen Zunahme der Arbeitslosenzahl ist ein weiterer Rückgang der Sparquote zu erwarten, während eine nachhaltige Besserung der Verhältnisse auf dem Arbeitsmarkt einen leichten Anstieg der Sparquote herbeiführen könnte. Als bei Vollbeschäftigung erreichbare Obergrenze läßt sich das Mitte der siebziger Jahre vorübergehend realisierte Niveau von 14 - 15% ansetzen; ein stärkerer Anstieg, der die Sparquote darüber hinaus anheben würde, ist derzeit nicht zu erwarten.

Hinsichtlich der zyklischen Einkommensschwankungen besteht keine Gewähr, daß das Konsumverhalten der privaten Haushalte seine konjunkturstabilisierende Stetigkeit auf Dauer beibehält. Zwar weist der private Verbrauch im Konjunkturverlauf bislang erheblich geringere Schwankungen als das verfügbare Einkommen der privaten Haushalte auf; ihr Sparverhalten dämpft also die konjunkturellen Ausschläge. Der stetig wachsende Anteil langlebiger Konsumgüter am gesamten privaten Verbrauch erhöht jedoch die Wahrscheinlichkeit, daß künftig prozyklisch wirkende Schwankungen der Sparquote auftreten: Da die Anschaffung von Gebrauchsgütern – im Gegensatz zu der von Verbrauchsgütern – stets aufschiebbar ist, können sozialpsychologisch bedingte, optimistische oder pessimistische Stimmungen in der Bevölkerung bei diesen Gütern Kaufwellen erzeugen, die – ähnlich wie die Investitionsgüternachfrage der Unternehmen – konjunkturverschärfend wirken.

Diese Ungewißheit hinsichtlich des zyklischen Verhaltensmusters der Sparquote deutet in die gleiche Richtung wie die bereits getroffene Feststellung, daß die Einkommenssteigerungen im Zuge des wirtschaftlichen Wachstumsprozesses bereits seit mehr als einem Jahrzehnt keine Zunahme der Sparquote mehr nach sich ziehen: Die Absolute Einkommenshypothese, die bis in die frühen siebziger Jahre das Sparverhalten der privaten Haushalte noch einleuchtend zu erklären vermochte, seither jedoch nicht mehr mit der Realität in Einklang zu bringen ist, muß auch für die nächste Zukunft als obsolet gelten. Unter den heutigen Bedingungen wäre sie allenfalls dann noch aussagekräftig, wenn ihre Gültigkeit auf die Nachfrage nach Verbrauchsgütern beschränkt würde[125]. In diesem Fall wäre es jedoch notwendig, der Nachfrage nach langlebigen Konsumgütern, deren überproportionale Zunahme die partiellen Sättigungstendenzen der Verbrauchsgüternachfrage kompensiert, „eine getrennte Konsumfunktion zu widmen, deren Marotten wir zu verstehen trachten müssen“[126].

Die Konsumhypothesen der späteren keynesianisch geprägten Autoren sind zwar darauf ausgerichtet, eine säkulare Stabilität der Sparquote zu begründen. Die Relative Einkommenshypothese und die „Habit Persistence“-Hypothese wären aber gleichermaßen ungeeignet, prozyklische Schwankungen der Sparquote zu erklären: Beide Ansätze implizieren stets gleichgerichtete Veränderungen des Einkommens und der Konsumausgaben, schließen also aus, daß beide Größen sich – etwa wegen zunehmender Einkommensunsicherheit – entgegengesetzt entwickeln.

Damit ignorieren sie eine mögliche Konsequenz der steigenden Bedeutung langlebiger Konsumgüter, obgleich kein Zweifel bestehen kann, daß gerade diese Güter in der Relativen Einkommenshypothese unausgesprochen eine zentrale Rolle spielen: Zum einen eignen Gebrauchsgüter sich besonders für den „Demonstrationseffekt“, denn der soziale Status wird im Konsumverhalten gerade durch die Wohnung oder das Fahrzeug besonders augenfällig dokumentiert. Zum anderen machen sie auch den „Einklinkeffekt“ anschaulich: Wer sich nach dem Kauf eines neuartigen Gebrauchsgutes erst an den höheren Lebensstandard gewöhnt hat, wird auf diesen Komfort möglichst nicht mehr verzichten wollen und nach dem Verschleiß in der Regel eine Ersatzanschaffung vornehmen.

Im Rahmen der Normaleinkommenshypothesen stellen die Besonderheiten der Gebrauchsgüternachfrage wegen der Anwendung des Versorgungskonzeptes kein Problem dar, denn der Konsum im Sinne der Nutzung dauerhafter Konsumgüter vollzieht die konjunkturellen Schwankungen der Konsumausga-

---

125 Vgl. E. Streißler (1978) S. 10; G. Blümle (1985) S. 29 f.
Die Absolute Einkommenshypothese verkümmerte also zu einer Art generalisierten „Engel'schen Gesetzes“.

126 E. Streißler (1978) S. 19.
Ein derartiges Vorgehen würde Keynes' „epochale Neuerrungenschaft“ – E. Streißler (1978) S. 3 – untergraben, die gesamte private Konsumnachfrage in einer einzigen makroökonomischen Verhaltensfunktion zu erfassen. Für Keynes selbst stellte die Kategorie dauerhafter Konsumgüter möglicherweise schon deshalb kein Problem dar, weil zu seiner Zeit die Haushalte im allgemeinen nur über eine relativ geringe Ausstattung mit derartigen Gütern verfügten.

ben ohnehin nur in stark gedämpftem Maße mit; es ist also unerheblich, ob die Nachfrage nach langlebigen Konsumgütern im Konjunkturverlauf pro- oder antizyklisch schwankt. Die Permanente Einkommenshypothese sowie die Lebenszyklushypothese sind auf konjunkturverstärkende Veränderungen der Sparquote ebenfalls anwendbar und somit auch unter diesem Gesichtspunkt für die künftige Analyse des Sparprozesses besser gewappnet als die konkurrierenden Theorien.

Für die weiterhin große Relevanz dieser beiden modernen Versionen der neoklassischen Spartheorie spricht darüber hinaus, daß Zinsschwankungen angesichts des zunehmenden Geldvermögens weiter an Einfluß auf den Verlauf der Sparquote gewinnen dürften. Ergänzend wäre zu vermuten, daß bei einem erheblich größeren Anteil der Aktien am Geldvermögen der privaten Haushalte, als derzeit gegeben ist, Rentabilitätseinbußen durch einen Kurseinbruch in der Größenordnung des Oktober 1987 zumindest kurzfristig eine spürbare Dämpfung der Sparneigung zur Folge haben dürften.

4. Zusammenfassung

Im ersten Teil der Arbeit werden die theoretischen Grundlagen für eine Untersuchung der Bestimmungsgründe der Sparquote gelegt. Dargestellt werden einerseits die keynesianisch ausgerichteten, makroökonomischen Konsumtheorien, deren Grundzüge von J. M. Keynes in den dreißiger Jahren entwickelt und die in den folgenden Jahrzehnten zunehmend ausdifferenziert wurden. Charakteristisch für diese Hypothesen ist, daß sie den Konsumgewohnheiten einen dominierenden Einfluß auf die Einkommensverwendung beimessen und auch nicht außer Acht lassen, daß das Spar- und Konsumverhalten der verschiedenen gesellschaftlichen Gruppen durch sozialpsychologische Mechanismen miteinander verknüpft sind. Andererseits werden die monetaristischen Einkommenshypothesen skizziert, die – seit den fünfziger Jahren von M. Friedman und einer Anzahl weiterer Autoren formuliert – die Argumentation der klassischen Wirtschaftstheorie wieder aufgreifen und weiter ausbauen. Sie sind dadurch gekennzeichnet, daß eine rationale, zukunftsorientierte Planung der Einkommensverwendung der Haushalte unterstellt und – anders als bei den keynesianischen Theorien – auch dem Einfluß der Zinsentwicklung und der Vermögensbestände auf das Sparverhalten Beachtung geschenkt wird.

Im zweiten Teil der Arbeit wird unter Anwendung dieser theoretischen Erkenntnisse die Entwicklung der Sparquote der privaten Haushalte in der Bundesrepublik Deutschland analysiert. Diese Größe, die anfangs der fünfziger Jahre bei nur vier Prozent gelegen hatte, stieg zweieinhalb Jahrzehnte lang kontinuierlich an, bis sie 1975 einen Spitzenwert von fünfzehn Prozent erreichte. Seither ist sie unter verhältnismäßig ausgeprägten Schwankungen auf ein Niveau von etwa zwölf Prozent Ende der achtziger Jahre zurückgefallen.

Als bedeutendste Determinante der Sparquote der Haushalte ist die Entwicklung ihres real verfügbaren Einkommens anzusehen. Der Anstieg der Sparquote vollzog sich in einer Phase anhaltend dynamischer Einkommenssteigerungen; ihr Rückgang seit Mitte der siebziger Jahre fiel hingegen in eine Periode erheblich reduzierter Einkommenszuwächse, wobei zeitweise stagnierende oder sogar sinkende Realeinkommen zu verzeichnen waren.

Zugleich stellte sich seit Mitte der siebziger Jahre eine zunehmende Differenzierung im Sparverhalten der verschiedenen sozialen Gruppen ein. Die Sparquote der Arbeitnehmer-Haushalte ging seither um drei, jene der Rentner- und Pensionärs-Haushalte sogar um fünf Prozentpunkte zurück. Die

Arbeitslosen-Haushalte, die 1975 noch Ersparnisse bilden konnten, entsparen inzwischen in erheblichem Umfang. Allein bei den Selbständigen-Haushalten nimmt die Ersparnis unverändert ein Viertel ihres Einkommens ein. Diese Unterschiede reflektieren die divergierende Einkommensentwicklung dieser sozialen Gruppen: Die Selbständigen erfahren während dieses Zeitraums mit rund vier Prozent die größten jährlichen Einkommenssteigerungen. Der Anstieg der Arbeitnehmereinkommen fiel nur etwa halb so hoch aus, und jenes der Arbeitslosen sowie der Rentner und Pensionäre stagnierte faktisch. Der Effekt dieser Entwicklung auf die Sparquote der privaten Haushalte insgesamt wurde dadurch noch verstärkt, daß die Bevölkerungsanteile der Nichterwerbstätigen-Haushalte – also der sozialen Gruppen mit den niedrigsten und zugleich am stärksten rückläufigen Sparquoten – zu Lasten jener der Erwerbstätigen-Haushalte während dieser Zeit deutlich anstiegen.

Die Zäsur des Sparverhaltens Mitte der siebziger Jahre, die in der säkularen Entwicklung der Sparquote deutlich hervortritt, läßt sich auch bei der Betrachtung ihres konjunkturellen Musters erkennen: Nach Jahrzehnten eines ständig zunehmenden Wohlstandes ruft die unerwartete „Ölkrise" des Jahres 1973 und die anschließende, tiefe Depression von 1974/75 die Unsicherheit der zukünftigen Einkommensentwicklung erst richtig in das Bewußtsein der Haushalte. Seither gewinnen neben dem aktuellen Einkommen auch die Einkommenserwartungen, die besonders durch die Lage auf dem Arbeitsmarkt geprägt werden, an Bedeutung für den Verlauf der Sparquote. Besonders an der Entwicklung ihrer Kreditaufnahme ist die Wendung erkennbar, die die Haushalte vollziehen von einem gewohnheitsbedingten Konsumverhalten hin zu einer stärker rationalen, zukunftsorientierten Entscheidungsfindung.

Bis in die frühen siebziger Jahre hinein ist kein systematischer Einfluß der Zinsentwicklung auf das Sparverhalten erkennbar. Erst etwa ab 1973 läßt sich ein synchroner Verlauf von Zins und Sparquote feststellen. Um das Jahr 1983 wird diese zehn Jahre anhaltende Phase der Nominalzinsorientierung im Sparverhalten der privaten Haushalte abgelöst durch eine neue Phase der Realzinsorientierung. Die Zinselastizität der Sparquote ist einerseits darauf zurückzuführen, daß höhere Zinsen das Sparen attraktiver machen, niedrigere Zinsen hingegen die Sparneigung dämpfen. Andererseits tragen in jüngerer Zeit zwei weitere, indirekte Wirkungsmechanismen verstärkt zu dieser Erscheinung bei. Diese betrifft zunächst die Kreditaufnahme der Haushalte, deren Zinsempfindlichkeit zwar seit jeher unverkennbar ist, die aber erst seit Anfang der siebziger Jahre quantitativ so bedeutsam ist, daß ihre Zinselastizität merklich auf die Sparquote durchschlägt. Schließlich macht sich auch die sogenannte „Selbstalimentierung" der Ersparnis aus Zinserträgen, die mit den wachsenden Geldvermögensbeständen der Haushalte zunehmend an Bedeutung gewonnen hat, in der Zinsreagibilität der Sparquote bemerkbar.

Anhang

Quartalsdaten

	Sparquote (saison-bereinigt)	Inflationsrate (Preisindex des privaten Verbrauchs; saison-bereinigt)	Umlaufsrendite festverzinslicher Wertpapiere		Habenzinsen für Spareinlagen mit gesetzlicher Kündigungsfrist	
			nominal	real	nominal	real
	in %	in %	in %	in %	in %	in%
1961.1	9,4	3,3	6,1	2,8		
.2	10,2	3,2	5,7	2,5		
.3	8,0	3,9	5,9	2,0		
.4	8,7	3,5	6,0	2,5		
1962.1	8,0	3,6	5,9	2,3		
.2	7,9	3,7	5,9	2,2		
.3	9,2	2,7	6,1	3,4		
.4	9,2	2,4	6,2	3,8		
1963.1	9,5	3,1	6,1	3,0		
.2	9,6	3,0	6,1	3,1		
.3	10,4	2,6	6,1	3,5		
.4	10,1	3,1	6,1	3,1		
1964.1	10,2	2,3	6,0	3,7		
.2	11,4	2,1	6,2	4,1		
.3	11,2	2,6	6,3	3,7		
.4	12,1	2,2	6,3	4,1		
1965.1	12,7	2,3	6,4	4,1		
.2	12,4	3,0	6,7	3,7		
.3	11,8	3,4	7,0	3,6		
.4	11,9	3,9	7,3	3,4		
1966.1	11,6	4,4	7,3	2,9		
.2	10,7	4,1	7,7	3,6		
.3	12,6	3,3	8,1	4,8		
.4	11,8	3,2	7,9	4,7		
1967.1	10,4	2,3	7,3	5,1		
.2	12,3	1,7	6,8	5,1	3,5	1,8
.3	10,8	1,8	6,9	5,1	3,5	1,7
.4	11,2	1,0	7,0	6,0	3,5	2,5
1968.1	12,9	1,6	7,0	5,4	3,5	1,9
.2	11,5	1,5	6,7	5,3	3,5	2,0
.3	12,6	1,4	6,6	5,2	3,5	2,1
.4	13,3	2,0	6,6	4,6	3,5	1,5
1969.1	12,6	1,3	6,5	5,2	3,5	2,2
.2	13,3	1,7	6,8	5,1	3,5	1,8
.3	13,6	2,2	7,1	4,9	4,0	1,8
.4	12,8	2,3	7,3	5,0	4,0	1,7
1970.1	13,3	3,2	7,9	4,7	4,5	1,3
.2	13,9	3,6	8,6	5,1	5,0	1,4
.3	14,2	3,6	8,4	4,8	5,0	1,4
.4	13,6	4,1	8,3	4,2	5,0	0,9

	Sparquote (saison-bereinigt)	Inflations-rate (Preis-index des privaten Verbrauchs; saison-bereinigt)	Umlaufsrendite festverzins-licher Wert-papiere		Habenzinsen für Spareinlagen mit gesetzlicher Kündigungsfrist	
			nominal	real	nominal	real
	in %	in %	in %	in %	in %	in%
1971.1	12,9	4,7	8,0	3,3	5,0	0,3
.2	12,7	5,3	8,3	3,0	4,5	-0,8
.3	13,7	5,8	8,4	2,6	4,5	-1,0
.4	14,3	6,2	8,1	1,9	4,5	-1,7
1972.1	14,1	5,6	7,8	2,2	4,5	-1,1
.2	15,1	5,4	8,3	2,9	4,0	-1,4
.3	14,3	5,9	8,3	2,4	4,0	-1,9
.4	14,0	5,9	8,7	2,8	4,0	-1,9
1973.1	13,8	6,6	8,7	2,1	4,5	-2,2
.2	13,3	6,6	10,2	3,6	4,5	-2,1
.3	14,2	6,0	9,8	3,8	5,5	-0,5
.4	14,3	6,3	9,7	3,4	5,5	-0,8
1974.1	13,7	6,3	10,7	4,4	5,5	-0,8
.2	14,0	7,1	10,9	3,8	5,5	-1,6
.3	15,0	7,5	10,8	3,3	5,5	-2,0
.4	15,5	7,0	9,9	2,9	5,5	-1,5
1975.1	16,1	6,9	8,9	2,0	5,0	-1,9
.2	16,0	6,3	8,4	2,1	4,1	-2,2
.3	14,3	5,9	8,7	2,8	4,0	-1,9
.4	14,1	5,8	8,6	2,8	4,0	-1,8
1976.1	13,2	5,1	7,8	2,7	4,0	-1,1
.2	12,9	4,4	8,3	3,9	3,5	-0,9
.3	14,1	3,8	8,1	4,3	3,5	-0,3
.4	12,9	3,7	7,4	3,7	3,5	-0,2
1977.1	12,6	3,7	7,0	3,3	3,5	-0,2
.2	12,3	3,7	6,4	2,7	3,0	-0,7
.3	11,7	3,8	6,0	2,2	3,0	-0,8
.4	12,2	3,3	6,0	2,7	3,0	-0,3
1978.1	11,7	3,0	5,6	2,6	2,5	-0,5
.2	12,0	3,1	6,0	2,9	2,5	-0,6
.3	12,1	2,4	6,4	4,1	2,5	-0,1
.4	12,3	2,6	6,6	4,0	2,5	-0,1
1979.1	13,2	3,1	7,1	4,0	2,6	-0,5
.2	11,7	3,0	8,0	5,1	3,0	0,0
.3	12,8	4,4	7,8	3,4	3,5	-0,9
.4	12,9	5,1	8,0	2,9	4,0	-1,1
1980.1	11,7	5,5	9,5	4,0	4,8	-0,7
.2	13,5	6,4	8,3	1,9	5,0	-1,4
.3	12,9	5,8	8,3	2,6	4,5	-1,3
.4	12,9	5,5	9,1	3,6	4,5	-1,0

	Sparquote (saison-bereinigt)	Inflations-rate (Preis-index des privaten Verbrauchs; saison-bereinigt)	Umlaufsrendite festverzins-licher Wert-papiere		Habenzinsen für Spareinlagen mit gesetzlicher Kündigungsfrist	
			nominal	real	nominal	real
	in %	in %	in %	in %	in %	in%
1981.1	13,8	5,8	10,4	4,6	5,0	-0,8
.2	13,3	6,0	11,1	5,2	5,0	-1,0
.3	13,4	6,3	11,3	5,0	5,0	-1,3
.4	13,7	6,5	9,9	3,4	5,0	-1,5
1982.1	13,3	5,6	9,6	4,0	5,0	-0,6
.2	12,7	4,9	9,2	4,3	5,0	-0,1
.3	12,8	4,8	8,8	4,0	5,0	0,2
.4	11,9	4,1	8,0	3,9	4,0	-0,1
1983.1	10,6	3,9	7,4	3,5	4,0	0,1
.2	11,0	3,3	8,1	4,8	3,0	-0,3
.3	10,8	2,9	8,4	5,5	3,0	0,1
.4	11,0	3,0	8,3	5,3	3,0	0,0
1984.1	11,3	2,9	7,9	5,0	3,0	0,1
.2	10,8	2,9	8,1	5,2	3,0	0,1
.3	11,8	2,3	7,7	5,4	3,0	0,7
.4	11,8	2,0	7,0	5,0	3,0	1,0
1985.1	11,4	2,3	7,7	5,5	3,0	0,7
.2	11,7	2,4	7,0	4,6	3,0	0,6
.3	11,1	2,1	6,4	4,3	2,9	0,8
.4	11,4	1,5	6,6	5,1	2,5	1,0
1986.1	11,8	0,4	6,0	5,6	2,5	2,1
.2	11,7	-0,9	6,0	6,9	2,5	3,6
.3	12,6	-0,6	5,8	6,4	2,5	3,1
.4	12,8	-0,7	6,0	6,7	2,5	3,2
1987.1	12,7	-0,5	5,6	6,1	2,2	2,7
.2	12,3	0,9	5,5	4,6	2,0	1,1
.3	12,3	0,8	6,2	5,4	2,0	1,2
.4	11,9	0,9	5,8	4,9	2,0	1,1
1988.1	11,9	0,8	5,6	4,8	2,0	1,2
.2	12,9	1,3	6,0	4,7	2,0	0,7
.3	12,4	1,4	6,4	5,0	2,0	0,6
.4	13,0	1,4	6,2	4,8	2,0	0,6

Quellen: Deutsches Institut für Wirtschaftsforschung (1989); Deutsche Bundesbank - Monatsberichte; eigene Berechnungen.

Literaturverzeichnis

I. Monographien und Zeitschriftenaufsätze

Albers, Willi (1985): Förderung der Vermögensbildung, in: Der volkswirtschaftliche Sparprozeß, Beiheft 9 zu Kredit und Kapital, hrsg. von Werner Ehrlicher und Diethard B. Simmert, Berlin, S. 513 - 531.

Ando, Albert K. / Modigliani, Franco (1959): Growth, Fluctuations, and Stability, in: The American Economic Review, Vol. 49, Papers and Proceedings, S. 501 - 523.

Ando, Albert K. / Modigliani, Franco (1963): The „Life Cycle" Hypothesis of Saving: Aggregate Implications and Tests, in: The American Economic Review, Vol. 53, S. 55 - 84.

Bedau, Klaus-Dietrich (1973): Die Vermögenseinkünfte der privaten Haushalte in der Bundesrepublik Deutschland, in: Wochenbericht des Deutschen Instituts für Wirtschaftsforschung, 40. Jg., S. 89 - 95.

Bedau, Klaus-Dietrich (1984): Vermögenseinkommen der privaten Haushalte in der Bundesrepublik Deutschland 1970 bis 1983, in: Wochenbericht des Deutschen Instituts für Wirtschaftsforschung, 51. Jg., S. 375 - 383.

Bedau, Klaus-Dietrich (1986): Vermögenseinkommen der privaten Haushalte in der Bundesrepublik Deutschland 1970 bis 1985, in: Wochenbericht des Deutschen Instituts für Wirtschaftsforschung, 53. Jg., S. 353 - 360.

Bedau, Klaus-Dietrich (1987): Die Vermögenseinkommen der privaten Haushalte, in: Wochenbericht des Deutschen Instituts für Wirtschaftsforschung, 54. Jg., S. 525 - 531.

Bedau, Klaus-Dietrich (1988): Die Verteilung der Vermögenseinkommen der privaten Haushalte im Jahr 1987, in: Wochenbericht des Deutschen Instituts für Wirtschaftsforschung, 55. Jg., S. 506 - 513.

Bedau, Klaus-Dietrich (1989): Die Vermögenseinkommen der privaten Haushalte im Jahr 1988, in: Wochenbericht des Deutschen Instituts für Wirtschaftsforschung, 56. Jg., S. 320 - 327.

Blümle, Gerold (1974): Zur Theorie des Sparens in einer wachsenden Wirtschaft, in: Kredit und Kapital, 7. Jg., S. 192 - 210.

Blümle, Gerold (1979): Wirtschaftskreislauf, Beschäftigung und Inflation, Freiburg.

Blümle, Gerold (1985): Zum heutigen Stand der Theorie des Sparens, in: Der volkswirtschaftliche Sparprozeß, Beiheft 9 zu Kredit und Kapital, hrsg. von Werner Ehrlicher und Diethard B. Simmert, Berlin, S. 27 - 52.

Böhm-Bawerk, Eugen von (1921): Kapital und Kapitalzins II – Positive Theorie des Kapitals, Bd. 1, 4. Aufl., Jena.

Brady, Dorothy S. / Friedman, Rose D. (1947): Savings and the Income Distribution, in: National Bureau of Economic Research, Studies in Income and Welth, Vol. 10, New York, S. 247 - 265.

Brown, Tillman M. (1952): Habit Persistence and Lags in Consumer Behaviour, in: Econometrica 20, S. 355 - 371.

Brümmerhoff, Dieter (1975): Gesamtwirtschaftliches Rechnungswesen, Köln.

Bub, Norbert (1985): Privates Sparen in der Bundesrepublik Deutschland – Ein Rückblick, in: Der volkswirtschaftliche Sparprozeß, Beiheft 9 zu Kredit und Kapital, hrsg. von Werner Ehrlicher und Diethard B. Simmert, Berlin, S. 67 - 88.

Clausse, Guy (1979): Die Nachfrage nach dauerhaften Konsumgütern im Konjunkturverlauf, Göttingen.

Claassen, Emil-Maria (1980): Grundlagen der makroökonomischen Theorie, München.

Davis, Tom E. (1952): The Consumption Function as a Tool for Prediction, in: The Review of Economics and Statistics, Vol. 34, S. 270 - 277.

Deutsche Bundesbank (1979): Berücksichtigung der Geldentwertung bei der Besteuerung von Einkünften aus Kapitalvermögen, in: Monatsberichte der Deutschen Bundesbank, 31. Jg., August 1979, S. 20 - 33.

Deutsche Bundesbank (1984a): Die Sparquote der privaten Haushalte in der Bundesrepublik Deutschland im internationalen Vergleich, in: Monatsberichte der Deutschen Bundesbank, 36. Jg., Januar 1984, S. 30 - 35.

Deutsche Bundesbank (1984b): Finanzierungsströme sowie Bestände an Forderungen und Verpflichtungen in der Bundesrepublik Deutschland im Jahre 1983, in: Monatsberichte der Deutschen Bundesbank, 36. Jg., Mai 1984, S. 13 - 22 und 46 - 55.

Deutsche Bundesbank (1985): Finanzierungsströme sowie Bestände an Forderungen und Verpflichtungen in der Bundesrepublik Deutschland im Jahre 1984, in: Monatsberichte der Deutschen Bundesbank, 37. Jg., Mai 1985, S. 13 - 24 und 37 - 47.

Deutsche Bundesbank (1986): Finanzierungsströme, Bestände an Forderungen und an Verbindlichkeiten in der Bundesrepublik Deutschland im Jahre 1985, in: Monatsberichte der Deutschen Bundesbank, 38. Jg., Mai 1986, S. 13 - 23 und 45 - 55.

Deutsche Bundesbank (1987): Ergebnisse der gesamtwirtschaftlichen Finanzierungsrechnung für das Jahr 1986, in: Monatsberichte der Deutschen Bundesbank, 39. Jg., Mai 1987, S. 13 - 24 und 45 - 55.

Deutsche Bundesbank (1989): Ergebnisse der gesamtwirtschaftlichen Finanzierungsrechnung für das Jahr 1988, in: Monatsberichte der Deutschen Bundesbank, 41. Jg., Mai 1989, S. 12 - 20 und 37 - 49.

Döhrn, Roland (1979): Bemerkungen zur Konsumquote, in: Mitteilungen des Rheinisch-Westfälischen Instituts für Wirtschaftsforschung, 30. Jg., S. 173 - 178.

Döhrn, Roland (1984): Sparerverhalten und Konsumentwicklung, in: Mitteilungen des Rheinisch-Westfälischen Instituts für Wirtschaftsforschung, 35. Jg., S. 31 - 49.

Drost, Helmar (1978): Die Rolle der Einkommenserwartungen in der Lebenszyklushypothese der Konsumfunktion, in: Neuere Entwicklungen in der Theorie des Konsumentenverhaltens, hrsg. von Gottfried Bombach, Bernhard Gahlen, Alfred E. Ott, Tübingen, S. 349 - 370.

Duesenberry, James S. (1948): Income-Consumption Relations and Their Implications, in: Income, Employment and Public Policy, Essays in Honor of Alvin H. Hansen, New York, S. 54 - 81.

Duesenberry, James S. (1949): Income, Saving and the Theory of Consumer Behaviour, Cambridge.

Ehrlicher, Werner (1959): Investitionsquote, Sparquote und Konsumquote, in: Der langfristige Kredit, 10. Jg., S. 105 - 109.

Ehrlicher, Werner (1980): Bestimmungsgründe des Kapitalzinses, in: Hamburger Jahrbuch für Wirtschafts- und Gesellschaftspolitik, 25. Jg., S. 95 - 110.

Ehrlicher, Werner (1984): Wandlungen des Kapitalmarktes – Auf dem Weg zum Interbankenmarkt, in: Standortbestimmung – Entwicklungslinien der deutschen Kreditwirtschaft, hrsg. vom Deutschen Sparkassen- und Giroverband, Stuttgart, S. 236 - 257.

Faltin, Günter (1974): Dauerhafte Konsumgüter und „Permanent Income"-Hypothese – Zur Operationalisierung von Einkommenserwartungen, Berlin.

Farrell, Michael J. (1959): The New Theories of the Consumption Function, in: The Economic Journal 69, S. 678 - 696.

Felderer, Bernhard / Homburg, Stefan (1985): Makroökonomik und Neue Makroökonomik, 2. Aufl., Berlin/Heidelberg.

Fisher, Irving (1907): The Rate of Interest, New York.

Fisher, Irving (1930): The Theory of Interest, New York.

Fleischer, Henning (1989): Bevölkerungsentwicklung 1988, in: Wirtschaft und Statistik, 41. Jg., S. 774 - 779.

Francke, Hans-Hermann (1986): Sparen bei reduzierten Wachstumserwartungen und hoher Arbeitslosigkeit, in: Sparkasse, 103. Jg., S. 53 - 57.

Francke, Hans-Hermann / Friedrich, Dieter (1985): Sparverhalten bei Unterbeschäftigung, stagnierendem oder sinkendem Realeinkommen, Stuttgart.

Fricke, Dieter (1972): Das Sparverhalten der privaten Haushalte in der Bundesrepublik Deutschland – Eine empirische Überprüfung der Sparfunktion, Berlin.

Fricke, Dieter (1985): Der Einfluß unerwarteter Einkommensveränderungen auf das Spar- und Anlegerverhalten, in: Der volkswirtschaftliche Sparprozeß, Beiheft 9 zu Kredit und Kapital, hrsg. von Werner Ehrlicher und Diethard B. Simmert, Berlin, S. 419 - 449.

Friedman, Milton (1957): A Theory of the Consumption Function, Princeton.

Friedman, Milton (1963): Windfalls, the „Horizon", and Related Concepts in the Permanent-Income Hypothesis, in: Measurement in Economics, hrsg. von Carl F. Christ, Milton Friedman u. a., Stanford.

Gebauer, Wolfgang (1981): Theorie und Realität des Realzinses, in: Geldpolitik, Zins und Staatsverschuldung, Schriften des Vereins für Socialpolitik N.F., Bd. 111, hrsg. von Werner Ehrlicher, Berlin, S. 9 - 44.

Geiger, Helmut (1985): Ziele der staatlichen Förderung der Vermögensbildung – Eine kritische Betrachtung, in: Der volkswirtschaftliche Sparprozeß, Beiheft 9 zu Kredit und Kapital, hrsg. von Werner Ehrlicher und Diethard B. Simmert, Berlin, S. 533 - 545.

Geiger, Helmut (1986): Der Sparprozeß in der Bundesrepublik Deutschland, in: Staat, Wirtschaft, Assekuranz und Wissenschaft, hrsg. von Rudolf Henn und Walter F. Schickinger, Karlsruhe, S. 611 - 626.

Giese, Hans E. (1987): Vermögenswirksam Sparen – Erläuterungen zum Fünften Vermögensbildungsgesetz, 4. Aufl., Stuttgart.

Goldsmith, Raymond W. (1955): A Study of Saving in the United States, Princeton.

Hansen, Alvin H. (1939): Economic Progress and Declining Population Growth, in: The American Economic Review, Vol. 29, S.1 - 15.

Hauser, Siegfried / Ungerer, Albrecht (1986): Wirtschaftsstatistik als Entscheidungshilfe, Freiburg.

Houthakker, H. S. (1958): The Permanent Income Hypothesis, in: The American Economic Review, Vol. 48, S. 396 - 404.

Jasper, Lothar T. (1986): Zur Problematik von Subventionen als Instrument der Wirtschaftspolitik, Veröffentlichung des Instituts Finanzen und Steuern Nr. 259, Bonn.

Kaldor, Nicholas (1955): Alternative Theories of Distribution, in: The Review of Economic Studies, Vol. 23, S. 83 - 100.

Karmann, Alexander J. (1985): Die permanente Einkommenshypothese – Kritische Analyse einer monetaristischen Position mit Hilfe ökonometrischer Methoden, Berlin.

Keynes, John M. (1936): The General Theory of Employment, Interest and Money, London.

Klein, Lawrence R. (1955): The Empirical Foundations of Keynesian Economics, in: Post-Keynesian Economics, hrsg. von Kenneth K. Kurihara, London, S. 277 - 319.

Klein, Lawrence R. (1958a): The Estimation of Distributed Lags, in: Econometrica 26, S. 553 - 565.

Klein, Lawrence R. (1958b): The Friedman-Becker Illusion, in: The Journal of Political Economy, Vol. 66, S. 539 - 545.

Kloten, Norbert (1976): Erfolg und Mißerfolg der Stabilisierungspolitik (1969 - 1974), in: Währung und Wirtschaft in Deutschland 1876 - 1975, hrsg. von der Deutschen Bundesbank, Frankfurt, S. 643 - 690.

König, Heinz (1978): Konsumfunktionen, in: Handwörterbuch der Wirtschaftswissenschaft, Bd. 4, S. 513 - 528.

Kuznets, Simon (1942): Uses of National Income in Peace and War, New York.

Landmann, Oliver (1976): Keynes in der heutigen Wirtschaftstheorie, in: Der Keynesianismus I, hrsg. von Gottfried Bombach, Hans-Jürgen Ramser u. a., Berlin/Heidelberg, S. 133 - 210.

Lützel, Heinrich (1985): Entwicklung des Sozialprodukts 1950 bis 1984, in: Wirtschaft und Statistik, 37. Jg., S. 433 - 444.

Lützel, Heinrich (1987): Realeinkommen in den Volkswirtschaftlichen Gesamtrechnungen, in: Wirtschaft und Statistik, 39. Jg., S. 115 - 122.

Lutz, Friedrich A. / Niehans, Jürg (1980): Faktorpreisbildung II: Zinstheorie, in: Handwörterbuch der Wirtschaftswissenschaft, Bd. 2, S. 530 - 548.

Marshall, Alfred (1920): Principles of Economics, 8. Aufl., London.

Mayer, Thomas (1972): Permanent Income, Wealth, and Consumption: A Critique of the Permanent Income Theory, the Life-Cycle Hypothesis, and Related Theories, Berkeley.

Mendershausen, Horst (1940): Differences in Family Savings between Cities of Different Size and Locations, Whites and Negros, in: Review of Economic Statistics, Vol. 22, S. 122 - 137.

Modigliani, Franco (1949): Fluctuations in the Saving-Income Ratio: A Problem in Economic Forecasting, in: National Bureau of Economic Research, Studies in Income and Wealth, Vol. 11, New York, S. 369 - 443.

Modigliani, Franco (1975): The Life Cycle Hypothesis of Saving Twenty Years Later, in: Contemporary Issues in Economics, Proceedings of the Conference of the Association of University Teachers of Economics in Warwick 1973, hrsg. von Michael Parkin und A. R. Nobay, Manchester, S. 2 - 36.

Modigliani, Franco / Brumberg, Richard E. (1955): Utility Analysis and the Consumption Function: An Interpretation of Cross-Section Data, in: Post-Keynesian Economics, hrsg. von Kenneth K. Kurihara, London, S. 388 - 436.

Müller-Krumholz, Karin (1986): Unterschiede zwischen den Sparquoten wurden größer – Zur Entwicklung der Ersparnis der Privathaushalte nach sozialen Gruppen, in: Wochenbericht des Deutschen Instituts für Wirtschaftsforschung, 53. Jg., S. 555 - 566.

Müller-Krumholz, Karin (1987): Entwicklung des Realeinkommens begünstigte Spartätigkeit 1986, in: Wochenbericht des Deutschen Instituts für Wirtschaftsforschung, 54. Jg., S. 515 - 524.

Müller-Krumholz, Karin (1989): Einkommen und Ersparnis der Privathaushalte im Jahr 1988, in: Wochenbericht des Deutschen Instituts für Wirtschaftsforschung, 56. Jg., S. 313 - 319.

Müller-Krumholz, Karin / Pohl, Reinhard (1984): Gedrückte Realeinkommen dämpfen private Sparneigung – Zur Entwicklung der Sparquoten der sozialen Gruppen in der Bundesrepublik Deutschland, in: Wochenbericht des Deutschen Instituts für Wirtschaftsforschung, 51. Jg., S. 384 - 390.

Oberhauser, Alois (1976): Geld- und Kreditpolitik bei weitgehender Vollbeschäftigung und mäßigem Preisanstieg (1958 - 1968), in: Währung und Wirtschaft in Deutschland 1876 - 1975, hrsg. von der Deutschen Bundesbank, Frankfurt, S. 609 - 642.

Pfaff, Martin / Dennerlein, Rudolf (1978): Die Problematik von gruppenspezifischen Konsumfunktionen im Rahmen von mikroökonomischen Verteilungsmodellen, in: Neuere Entwicklungen in der Theorie des Konsumentenverhaltens, hrsg. von Gottfried Bombach, Bernhard Gahlen und Alfred E. Ott, Tübingen, S. 125 - 198.

Plassmann, Christa (1964): Bestimmungsgründe der Nachfrage nach dauerhaften Konsumgütern, Berlin.

Ramser, Hans-Jürgen (1978): Lebenszyklustheorie des Sparens: Zum Stand der Theorie, in: Neuere Entwicklungen in der Theorie des Konsumentenverhaltens, hrsg. von Gottfried Bombach, Bernhard Gahlen und Alfred E. Ott, Tübingen, S. 373 - 431.

Richter, Rudolf / Schlieper, Ulrich / Friedmann, Willy (1981): Makroökonomik, 4. Aufl., Berlin/Heidelberg.

Robertson, Dennis H. (1933): Saving and Hoarding, in: The Economic Journal, Vol. 43, S. 399 - 413.

Rose, Klaus (1975): Einkommens- und Beschäftigungstheorie, in: Kompendium der Volkswirtschaftslehre, Bd. 1, hrsg. von Werner Ehrlicher, Ingeborg Esenwein-Rothe u. a., 5. Aufl., Göttingen, S. 183 - 245.

Sander, Uwe (1986): Die Entwicklung des Privaten Verbrauchs in der Bundesrepublik Deutschland, Frankfurt.

Schlesinger, Helmut (1976): Geldpolitik in der Phase des Wiederaufbaus (1950 - 1958), in: Währung und Wirtschaft in Deutschland 1876 - 1975, hrsg. von der Deutschen Bundesbank, Frankfurt, S. 555 - 607.

Schlesinger, Helmut (1987): Kapitalmarkt, Kapitalbildung und Kapitalallokation, in: Kapitalmarkt und Finanzierung, Schriften des Vereins für Socialpolitik N.F., Bd. 165, hrsg. von Dieter Schneider, Berlin, S. 17 - 47.

Schüler, Klaus (1984): Einkommensverteilung nach Haushaltsgruppen – Ergebnisse der Volkswirtschaftlichen Gesamtrechnungen 1962 bis 1983, in: Wirtschaft und Statistik, 36. Jg., S. 561 - 575.

Sell, Friedrich L. (1982): Der Konsumcharakter der Einkommensentstehung – Zur Interdependenz von Konsum- und Multiplikatortheorie, Freiburg.

Siebke, Jürgen (1984): Vermögenspolitik als Instrument der Gesellschaftspolitik, in: Standortbestimmung – Entwicklungslinien der deutschen Kreditwirtschaft, hrsg. vom Deutschen Sparkassen- und Giroverband, Stuttgart, S. 383 - 400.

Smithies, Arthur (1945): Forecasting Postwar Demand, in: Econometrica 13, S. 1 - 14.

Staudte, Axel (1973): Die Permanent-Income-Hypothese. Eine empirische Untersuchung für die Bundesrepublik, Meisenheim am Glan.

Streißler, Erich (1978): Theorien der Konsumfunktion – Ein kritischer Überblick im Lichte der jüngsten Rezession, in: Neuere Entwicklungen in der Theorie des Konsumentenverhaltens, hrsg. von Gottfried Bombach, Bernhard Gahlen und Alfred E. Ott, Tübingen, S. 1 - 31.

Streißler, Erich (1987): Kapitalmarkt und Altersvorsorge, in: Kapitalmarkt und Finanzierung, Schriften des Vereins für Socialpolitik N.F., Bd. 165, hrsg. von Dieter Schneider, Berlin, S. 445 - 463.

Streißler, Erich / Streißler, Monika (1966): Konsum und Nachfrage, Berlin/Köln.

Streißler, Erich / Neudeck, Werner (1985): Bemerkungen zur Geschichte der Spartheorien, in: Der volkswirtschaftliche Sparprozeß, Beiheft 9 zu Kredit und Kapital, hrsg. von Werner Ehrlicher und Diethard B. Simmert, Berlin, S. 3 - 25.

Streißler, Monika (1974): Theorie des Haushalts, Stuttgart.

Tobin, James (1951): Relative Income, Absolute Income, and Saving, in: Money, Trade, and Economic Growth, Essays in Honor of John H. Williams, New York, S. 135 - 156.

Tobin, James (1968): Consumption Function, in: International Encyclopedia of the Social Sciences, Vol. 3, S. 358 - 369.

Zeitel, Gerhard (1986): Wandlungstendenzen der Ersparnis- und Geldvermögensbildung in der Bundesrepublik Deutschland, in: Staat, Wirtschaft, Assekuranz und Wissenschaft, hrsg. von Rudolf Henn und Walter F. Schickinger, Karlsruhe, S. 879 - 897.

II. Sonstige Veröffentlichungen

Bank Deutscher Länder: Geschäftsbericht, lfd. Jahrgänge.

Deutsche Bundesbank (1983): Revidierte Ergebnisse der gesamtwirtschaftlichen Finanzierungs- und Geldvermögensrechnung für die Jahre 1950 bis 1959, Frankfurt.

Deutsche Bundesbank (1988): Zahlenübersichten und methodische Erläuterungen zur gesamtwirtschaftlichen Finanzierungsrechnung der Deutschen Bundesbank 1960 bis 1987, Frankfurt.

Deutsche Bundesbank: Geschäftsbericht, lfd. Jahrgänge.

Deutsche Bundesbank: Monatsberichte, lfd. Jahrgänge.

Deutsches Institut für Wirtschaftsforschung (1989): Sozialprodukt und Einkommenskreislauf, Vierteljährliche Volkswirtschaftliche Gesamtrechnung für die Bundesrepublik Deutschland.

Sachverständigenrat zur Begutachtung der gesamtwirtschaftlichen Entwicklung: Jahresgutachten, lfd. Jahrgänge.

Statistisches Bundesamt (1973): Lange Reihen zur Wirtschaftsentwicklung.

Statistisches Bundesamt (1976): Lange Reihen zur Wirtschaftsentwicklung.

Statistisches Bundesamt (1985a): Fachserie 18: Volkswirtschaftliche Gesamtrechnungen, Reihe S. 7, Lange Reihen 1950 bis 1984.

Statistisches Bundesamt (1985b): Fachserie 18: Volkswirtschaftliche Gesamtrechnungen, Reihe S. 8, Revidierte Ergebnisse 1960 bis 1984.

Statistisches Bundesamt (1986): Lange Reihen zur Wirtschaftsentwicklung.

Statistisches Bundesamt (1988): Statistisches Jahrbuch für die Bundesrepublik Deutschland.

Statistisches Bundesamt (1989): Statistisches Jahrbuch für die Bundesrepublik Deutschland.

Subventionsbericht (1983): Neunter Subventionsbericht vom 6. 9. 1983, Bundestags-Drucksache 10/352.

Subventionsbericht (1987): Elfter Subventionsbericht vom 25. 11. 1987, Bundestags-Drucksache 11/1338.

FSC
www.fsc.org
MIX
Papier | Fördert
gute Waldnutzung
FSC® C083411

Kolibri 360 GmbH
Ferdinand-Jühlke-Straße 7
99095 Erfurt, Deutschland
produktsicherheit@kolibri360.de

Druck:
CPI Druckdienstleistungen GmbH
im Auftrag der
Kolibri 360 GmbH
Ferdinand-Jühlke-Str. 7
99095 Erfurt